岩波文庫

33-616-1

モナドロジー

他二篇

ライプニッツ 著

谷川多佳子
岡部英男 訳

岩波書店

Leibniz

MONADOLOGIE
1714

PRINCIPES DE LA NATURE ET DE LA GRÂCE FONDÉS EN RAISON
1714

SYSTÈME NOUVEAU DE LA NATURE ET DE LA COMMUNICATION DES SUBSTANCES, AUSSI BIEN QUE DE L'UNION QU'IL Y A ENTRE L'ÂME ET LE CORPS
1695

凡例

一　本書はライプニッツの『モナドロジー』(*Monadologie*, 1714)、『理性に基づく自然と恩寵の原理』(*Principes de la nature et de la grâce fondés en raison*, 1714)（以下『原理』と略記）、『実体の本性と実体間の交渉ならびに魂と身体のあいだにある結合についての新説』(*Système nouveau de la nature et de la communication des substances, aussi bien que de l'union qu'il y a entre l'âme et le corps*, 1695)（以下『新説』と略記）の全訳である。

二　付録として、一六九〇年代後半以降の論文一篇（『物体と原動力の本性について』）の抄訳と、書簡六篇（『ゾフィー宛』『ゾフィー・シャルロッテ宛』『生命の原理と形成的自然についての考察』『コスト宛』『ブルゲ宛』『ダンジクール宛』）を収載する。

三　底本にはゲルハルト版『ライプニッツ哲学著作集』(*Die philosophischen Schriften von Gottfried Wilhelm Leibniz*, hrsg. von C. I. Gerhardt, 7 Bde., Berlin, 1875-1890;

Nachdruck Hildesheim, 1965)を使用した。『モナドロジー』は第六巻六〇七—六二三頁、『原理』は第六巻五九八—六〇六頁、『新説』は第四巻四七七—四八七頁。付録に収めた論文、書簡も原則としてゲルハルト版を用いたが、『ゾフィー宛書簡』と『ゾフィー・シャルロッテ宛書簡』はアカデミー版(Gottfried Wilhelm Leibniz, *Sämtliche Schriften und Briefe*, Reihe I, Bd. 13, 1987; Bd. 23, 2013, Berlin)、『ダンジクール宛書簡』はデュタン版(*Gothofredi Guillelmi Leibnitii Opera Omnia*, nunc primum collecta etc. studio Ludovici Dutens, Tomus Tertius, Genevae, 1768; Nachdruck Hildesheim, 1989)をもとにした。

四　左記の刊本、英訳、独訳なども適宜参照した。

Leibniz, *Sogenannte Monadologie und Principes de la Nature et de la Grâce fondés en raison*, hrsg. von Clara Strack, Berlin, 1917(1967).

G. W. Leibniz, *Principes de la Nature et de la Grâce fondés en raison et Principes de la Philosophie ou Monadologie*, éd. par André Robinet, Paris, 1954.

Antonio Lamarra, Roberto Palaia, e Pietro Pimpinella, *Le Primo Traduzioni della Monadologie di Leibniz*(*1720-1721*), Firenze, 2001.

Leibniz, *La Monadologie*, éd. par Emile Boutroux, Paris, 1881 (1978), réimp. 1991.

Leibniz, *Système nouveau de la nature et de la communication des substances et autres textes 1690–1703*, éd. par Christiane Frémont, Paris, 1993.

Leibniz, *Principes de la Nature et de la Grâce, Monadologie et autres textes 1703–1716*, éd. par Christiane Frémont, Paris, 1996.

G. W. Leibniz, *Discours de métaphysique suivi de Monadologie et autres textes*, éd. par Michel Fichant, Paris, 2004.

Leibniz, *The Monadology and Other Philosophical Writings*, transl. by Robert Latta, 1898, 2nd ed., London, 1925.

G. W. Leibniz, *Philosophical Papers and Letters*, ed. by L. E. Loemker, 2nd ed., Dordrecht, 1969.

G. W. Leibniz, *Philosophical Essays*, transl. by Daniel Garber and Roger Ariew, Indianapolis/Cambridge, 1989.

Nicholas Rescher, *G. W. Leibniz's Monadology. An Edition for Students*, Pittsburgh, 1991.

Lloyd Strickland (ed. and transl.), *Leibniz and the Two Sophies: The Philosophical Correspondence*, Toronto, 2011.

Lloyd Strickland, *Leibniz's Monadology. A New Translation and Guide*, Edinburgh, 2014.

G. W. Leibniz, *Vernunftprinzipien der Natur und der Gnade / Monadologie*, hrsg. von Herbert Herring, Hamburg, 1956 (1969).

G. W. Leibniz, *Monadologie*, übers. von Hermann Glockner, Stuttgart, 1979.

五　原文中のイタリック体、隔字体（ゲシュペルト）による強調は、原則として傍点を付した。また、ラテン語・ギリシア語（原文がラテン語の場合はギリシア語）で示されている語句は〈　〉を付して表記した。訳者による補足は適宜〔　〕内に挿入した。

六　訳注は、『モナドロジー』では各節の後、他の著作ではまとめて巻末に置いた。訳注では、ラッタ、ブトルー、レムカー、グロックナー、レッシャー、フレモン、フィシャン、ストリックランドなどの注釈を適宜参照した。

目次

付録

モナドロジー　他二篇

モナドロジー

1　私たちがここで論じるモナド(1)とは、複合体のなかに入る(2)単純な実体に他ならない。単純とは、部分がないことだ(3)。(〔『弁神論』〕第一〇節〔緒論第一〇節に訂正(4)〕)

(1)　モナドという語はギリシア語モナス(一なるもの、一)に由来する。『形而上学叙説』(一六八六)では「実体的形相」「個体的実体」と呼ばれ、以降「エンテレケイア」「能動的力」とも、『実体の本性と実体間の交渉ならびに魂と身体のあいだにある結合についての新説』(一六九五、以下『新説』と略記)では「原初的力」「真の統一」「形而上学的点」などとも呼ばれていた。ライプニッツがモナドという語を初めて用いるのは、一六九五—九六年頃。

(2)　単に「入る」ではなくて、いわば「構成するものとして属している、含まれる」という意味だが、適切に翻訳できないとグロックナーは注記。単純体と複合体、一と多、点と線、等々の関係を示しているともいえ、「連続の合成という迷宮」にもつながる。たとえば数学的な点と線の関係で、線をいくら分割しても点には至らず、点をいくら合わせても線にはならない。点は線の同質的部分ではなく端、いわばその極限である。線のなかに点を含めることは許容できる語り方にすぎない。ライプニッツは書簡で、モナドが一点に集まっているとか空間中に拡がっているというのは、人間が心のなかで形成した虚構であり、知性的にしか理解できないものに勝手に姿形を与えて思い描くことであると説明する(デ・ボス宛書簡、一七一二年六月一六日)。

(3) この内容については、『理性に基づく自然と恩寵の原理』(以下『原理』と略記)第一節(本書七七頁)を参照。

(4) 以下、本文末尾の節番号は『弁神論』への参照を示す。ただしここでは『弁神論』本論の第一〇節ではなく、「信仰と理性の一致についての緒論」(以下「緒論」と略記)第一〇節であろう。「緒論」は『弁神論』の本論と序文のあいだに位置する文書。『弁神論』は膨大なもので、その構成は以下のようになっている。「序文」、「信仰と理性の一致についての緒論」(八七節から成る)、「本論」(全三部、四一七節から成る)、三つの付録論文、「神の大義」(一四四節から成る)と題された論文。なお、『弁神論』への指示は、草稿を秘書が写し、ライプニッツが訂正を加えたもの(A写本)には書かれているが、さらに同じ秘書によって清書された写し(B写本)にはない。草稿、A写本、B写本のあいだの訂正・加筆の過程はロビネの刊本に詳しく再現されている。

2　複合体があるからには、単純な実体がなくてはならない。複合体とは、単純な実体の集まりないし〈集合〉に他ならないのである[1]。

（1）複合体〈物体〈身体〉〉を実体とするかどうかについては、『原理』第一節（本書七七頁）と違いがある。『原理』の訳注（1）（本書一八七頁）を参照。

3　さて、部分がないところには、拡がり〈延長〉も、形も、可分性もない。そしてこうしたモナドは、自然の真の原子[1]であり、ひとことで言えば事物の要素である。

（1）原子論者のいう物質的な原子ではない。物質的な原子が微細で実際には分割できないとしても、大きさや延長をもっている以上、際限なく可分的である。モナドは、延長も形も可分性も部分もない、非物質的な存在である。『新説』第三、一一節（本書九七―九八頁、一〇五―一〇六頁）参照。

4　また、モナドには解体の危惧はない[1]。かつ、単純な実体が自然的に消滅するこ

とがあるとはどうしても考えられない。(第八九節)

(1) 事物の解体や破壊は、古代ギリシア以来、その事物が構成要素(部分)に分解されることとされてきた(たとえば、プラトン『パイドン』七八c)。部分をもたないモナドは自然的には解体されない。『弁神論』第八九節では、「不壊性」と「不死性」が区別されている。不死であるのは人格性が保持される人間の魂だけであり、動物の魂は不死的というよりはむしろ不滅的といったほうがよい。『生命の原理と形成的自然についての考察』(本書一五五—一六二頁)参照。

5 同じ理由で、単純な実体が自然的に生じることがあるとは、どうしても考えられない。単純な実体は、複合によってつくることはできないからだ。

6 かくしてモナドは、生じるのも滅びるのも、一挙になされるほかない、と言ってよい。つまり、創造によってしか生じないし、絶滅によってしか滅びない。けれども複合されたものは、部分部分で生じる、もしくは滅びる。

7　さらにまた、モナドがどのようにして、その内部をなにか他の被造物によって変質されうるのか[1]、あるいは変化されうるのかも説明の手立てはない。モナドのなかには何も移し入れることはできないし、モナドのなかで内的な運動が引き起こされたり導かれたり増えたり減ったりできるとは、考えられないからだ。そういうことは、部分部分のあいだに変化がある複合体のなかでなら可能であるが。モナドには、何かものが入ったり出たりできるような窓がない。かつてスコラ学者たちが説いた感性的形質[2]のように、偶有性[3]が実体から離れていったり実体の外をさまよったりすることはできない。このように、実体も偶有性も、外からモナドのなかへ入ることはできない。

（1）「変質される」とは、本質を変えて何か他のものにされるという意味。

（2）「感性的形質」の原語は espèces sensibles. 近代以前には、ものを表現している非物質的形質は、ものを離れ人間に取り込まれてその認識が成り立つとされた。またデモクリトスに、ものから発するエイドーラ(写影像)が、知覚においてそのものを再現させる、という説がある。デカルトも『屈折光学』(一六三七)の第一講でこの概念を批判している。『形而上学叙説』第二六節、『新説』第六節(本書一〇〇頁)と訳注(12)(同一九五頁)参照。

（3）偶有性(accident)とは、そのものの本性に属さない性質で、ある実体に属していても必然的ではない。「属性」が実体の本質的な性質。

8 だがモナドは何か性質をもつはずだ。そうでないと、モナドは存在するものとさえ言えなくなる。[1] それに、単純な実体がその性質によって互いに異なっているのでなければ、事物のなかに起こる変化を意識表象する手立てはないだろう。複合体のなかに起こるものは、単純な構成要素からしか来ないからだ。それに、モナドが性質をもたないとなると、もともとモナドは量においても差異がないのだから、互いに区別がつかなくなる。したがって、充実〔空間〕[2]が仮定されると、運動においてはどの位置もそれぞれ、それまでもっていたのと等しいものしか受け取らないから、事物の一つの状態が他の状態から識別できなくなる。（序文＊＊＊二b〔二aと訂正〕[3]）

（1）「性質をもたないモナド」とは、数学的点のように、すべての属性・性質が分離されてしまった基体のようなもの。『人間知性新論』(以下『知性新論』と略記)第二部第二三章第一―二節参照。

（2）「空虚」のない、「充実空間」はライプニッツの世界の特徴の一つ。第六一節参照。充実空間とは共働する諸モナドのなす体系のことであり、諸物体が運動する場所のことをそのまま言っているのではない。

(3)『弁神論』の最初の刊行本(一七一〇)ではこの第八節で指示されているところが見つからず、フィシャンの訂正による。『弁神論』の初版本(一七一〇)には、「序文」を含む箇所に頁数を示す番号が付されていなかったが、見開き左側の頁の下部に＊記号や数が記されていた。「序文」の最初の左側の頁には＊二、次の左側の頁には＊三、以下、＊四、＊＊、＊＊二、＊＊三と続く。右側の頁には記号や数はなかったが、『モナドロジー』での『弁神論』への指示では、左側の頁をa、右側の頁をbとして示している(ストリックランド)。

9　しかも、各モナドは他の各モナドと異なっているはずだ。じっさい自然のなかでは、二つの存在が互いにまったく同じようであってそこに内的差異すなわち内在的規定(1)に基づく差異を見いだせない、ということは決してない(2)。

(1)　内在的規定とは事物自身の内的性質を示す述語であり、外在的規定とは他の事物に対する関係から生じるもので、関係的性質とも言われる。この区別はスコラ学者が広く用い、ジャンセニスム、ポール・ロワイヤルの理論的指導者アルノーらの『ポール・ロワイヤル論理学』(第一部第二章)でも言及されている。

(2)　いわゆる「不可識別者同一の原理」。あるものがそうであって別様ではない十分な理由がなければならず(第三六節参照)、完全に似ている二つの等しいものは存在せず、現実に存在するものはすべて異なる。ヘレンハウゼン宮殿で、「同じ葉は二枚とは存在しない」とライプニッツが述べ、反対者が庭園内を探しまわったが見つけられなかったという(『ライプニッツのクラークへの第四の手紙』一六九五年)。

10 私はまた、次のことは誰もが認めていると思う。すべての創造された存在は変化を免れない。したがって創造されたモナドもそうである。しかもその変化は各モナドのなかで連続的になされている。

11 以上に述べたことから、モナドの自然的変化[1]は内的原理[2]から来ることがわかる。外的原因はモナドの内部に作用することができないからである。(第三九六、四〇〇節)[3]

(1) モナドの自然的変化は、モナドの創造、絶滅という超自然的変化に対して言われる(第四―六節)。

(2) 変化の内的原理については、アリストテレスの自然概念を参照(『自然学』第二巻第一章)。

（3）『弁神論』第四〇〇節では、魂が働き〔運動〕の原理だという古代ギリシア以来の考え方は正しいとはいえ、魂が物理的影響関係によって身体器官を動かすことはありえないとする。

12　しかしまた、変化の原理のほかに、変化するものの細部があり(1)、それが単純な実体の、いわば特殊化と多様性を与えているにちがいない。

（1）今日的な言い方をすれば、あらかじめ書き込まれたプログラムに従って進む多様な状態といったもの。これをどう説明するか。一六八〇年代までは、自分のすべての述語を含む主語としての完全概念という言い方がされたが、アルノーはそこに運命論的な傾向を見て、自由を損ないかねないと批判した。完全概念という言い方は一六九〇年代になるとあまり見られなくなり、代わって力、生命という見方が多用されるようになる。

13　この細部は、一なるもの、すなわち単純なもののなかに、多を含んでいるはずだ。じっさいすべての自然的変化は徐々になされるから(1)、どこかが変化してもどこかは変わらないままである。したがって、単純な実体のなかには、部分はないけれども、いろいろな変状〔変化する状態〕や関係があるにちがいない。

(1) 自然は飛躍しない、という連続の原理がここに見られる。

14 一なるもの、すなわち単純な実体のなかで、多を含み、これを表現する推移的な状態がいわゆる表象にほかならない。[1] これは意識される表象ないし意識とはしっかり区別されねばならない。それはこのあとで明らかにする。[2] デカルト派の人たちは意識されない表象を無いものと見なし、この点で大きな過ちを犯した。その結果彼らは、〔理性的〕精神だけがモナドであって、動物の魂も他のエンテレケイアも無い、と信じるようになった。[3] そして通俗の意見に従って、長い失神状態と厳密な意味での死を混同した。[4] そうして完全に遊離した魂というスコラの偏見にふたたび陥り、ひねくれた心の人たちに魂死滅の説を固めさせることにさえなった。[5]

(1) 表象(perception)はきわめて広義で、意識に上るものも上らないものも含む。『原理』第二節(本書七八頁)を参照。表象は表出(expression)、表現(représentation)とほぼ同義に用いられている。表象とは「一における多の表出」に他ならないので、すべてのモナドは表象を必ず与えられている(デ・ボス宛書簡、一七〇六年七月一一日)。表象と意識表象ないし意識との区別については、『原理』第四節(本書八一頁)を参照。

(2) 第一九、二三―二四節。

（3）　エンテレケイアは第一八―一九節で定義される。

（4）　デカルトの二元論およびそれに伴う動物機械論との違いは『原理』第四節（本書八一頁）を参照。

（5）　自由思想家たち、たとえば、ライプニッツと文通のあったジョン・トーランド（一六七〇―一七二二）。アイルランド生まれで、自由思想家、理神論者としての主著は『秘義なきキリスト教』（一六九六）。ロックの経験論的認識論と推論機能としての理性を神学に適用し、自然宗教を真の宗教と見なした。

15　一つの表象から別の表象への変化ないし推移を起こす内的原理の働きを欲求、（1）と名づけることができる。たしかに、欲求は、そのめざす表象全体に完全に到達できるとは限らないけれども、つねにその表象から何かを得て、新たな表象に到達する。

（1）　欲求は、『原理』第二節（本書七八頁）に「一つの表象から他の表象へ向かうモナドの傾向」とあり、「変化の原理」である。また単純な実体の内的傾向としての原初的力とも言える。「表象」のもつ広い意味に伴い「欲求」も、運動する物体の傾向や力、動物の魂の欲望、人間の意志活動にまで及んでいる。『知性新論』第二部第二一章第五節など参照。

16 私たちの意識するどんなに小さな思考でもその対象のなかに多を含んでいるのを見いだすとき、私たちは自身で、単純な実体のなかに多様性を経験する。(1) したがって、魂が単純な実体であることを認める人はすべて、モナドのなかにこの多を認めなければならない。ベール氏(2)は、『辞典』の「ロラリウス」の項(3)で説いたような難点をここに見いだしたが、それはまちがっている。

(1) デカルトの「私は思考する」との違いがここにある。ライプニッツの「私は思考する」は、思考の外部の事物の存在を含んでいる。「私は思考する」が私にとって直接に明晰であるばかりでなくて、「私は異なったいくつもの思考をもつ」、すなわち私はあるときはAを思考し、またあるときはBを考える等々も、私にとってまったく同じく明晰である(『知性新論』第四部第二章第一節)。

(2) ピエール・ベール(一六四七―一七〇六)はフランスに生まれたプロテスタントの哲学者。ルイ一四世によるプロテスタント追放後は、オランダのロッテルダムに教職を得て、『文芸共和国便り』という月刊学術誌を刊行しヨーロッパ中に名声を博する。教職を追われた後は、『歴史批評辞典』に力を注いだ。ロッテルダムで刊行されたこの『辞典』の第一版(一六九六)は、二つ折り(フォリオ)判の二巻四冊の膨大なもので、主に古今の哲学者や宗教家などの人名を扱い、各項とも、簡潔に事実を述べた本文と、多様な論議を展開する脚注とから成る。著者の死後も版を重ね、一八世紀前半までに第九版までが刊行されるベストセラーであった。

(3) ロラリウス、すなわちジェローラモ・ロラリオ(一四八五―一五五六)はイタリア人。ローマ法王の使節を務め、「人間よりも動物のほうが理性をよく用いる」という論文を書いた。この論文は一〇〇年後に刊行され、当時デカルトの動物機械論による動物精神の問題に関わる。『辞典』のこの項目の脚注でベールはライプニッツの『新説』をとりあげ、まずは好意的に叙述するが、やはり呑み込みにくい点がいくつかある、と批判する。それは精神と身体の関係、魂、実体に関するもので、なぜ魂の活動はその本性から自発的に起こるのか、単純で分割不可能な存在である魂が、外的ないかなる原因にも動かされず、自発的能動性をもって多様に働くというのも不合理である、単純な実体においてはどこに働きの原因が見いだされるのか、と言う。

17　なお、表象も表象に依存するものも、機械的理由では説明できない、すなわち形と運動で説明できないことは、認めないわけにはいかない。仮にいま、一つの機械があって、思考したり感じたり表象をもったりする仕組みになっているとする。

その機械が同じ比率を保ちながら大きくなったと考え、私たちは風車小屋に入れるようにそこに入れるとしよう。そう仮定してそのなかへ入ってみると、互いに動かしあっている部品が見られるだけで、表象を説明するものはまったく見つからない。(1) そうなると、表象を求めるべきは、単純な実体のなかであって、複合体や機械のなかではない。また、単純な実体のなかに見いだすことができるのは、それだけ、すなわち表象とその変化だけである。かつ、それのみに、単純な実体の内的な能動作用のすべてがある。〔序文＊＊＊二b（エルトマンによる）〕

（1）同様の喩えは、ベール宛書簡（一七〇二年一二月五日）にもあり、もしもこうした機械のなかで、何でも見通せる目で物体の構造部分のなかの最小部分を見つけたとしても、それより先は見えないだろう、そこに表象の始点を見つけることは難しい、と言う。現代の脳科学と表象の問題にもつながる。形と運動という機械的理由による説明としてここで批判されているのはデカルト、それに続くボイル、ホイヘンスなどの考え方。

18 すべての単純な実体つまり創造されたモナドに、エンテレケイア(1)という名を与えてもよいだろう。なぜならモナドはなかに、ある種の〈完全性〉をもっているからだ。そこに〈自足性〉(2)があって、それによりモナドは自らの内的作用の源となり、また、いわば非物体的自動機械(3)となっている。（第八七節）

（1）『弁神論』第八七節でライプニッツはこう説明している。「アリストテレスは魂に対してエンテレケイアもしくは働き(*Acte*)という名称を与えたが、エンテレケイアという語は明らかに、完全を意味するギリシア語に起源を有しており、〔中略〕その内には、単純な作用的能力のみならず、力とか努力とか傾動性(*conatus*)とか呼ばれるものも含まれている」と。エンテレケイアという語は、アリストテレスにおいては「完成態」、「完全現実態」などと訳される(『形而上学』一〇五五a二二など)。

（2）モナドのもつ自足性とは、モナドが存在するために他の何ものにも依存しないというよりも(モナドの存在は神に依存する)、モナドは内的状態の変化のために他の何ものにも依存しないということ。第六四節参照。

（3）スピノザ『知性改善論』第八五節(「魂は一定の法則に従って活動し、いわば一種の精神的自動機械である」)参照。ライプニッツではモナドの非物体性が強調され、モナドは自動的、つまり自発的に働く。意志とは区別されるモナドの自発性と法則に則した運動については、『魂と身体の結合についての新説のなかにベール氏が見いだした難点の解明』(一六九八)で述べられている。なお自発性については、『新説』第一四節(本書一〇八―一一〇頁)を参照。

19 これまで説明した広い意味での表象と欲求をもつものすべてを、魂と名づけるつもりであれば、あらゆる単純な実体すなわち創造されたモナドは、魂と呼べるだろうが、知覚(1)は単なる表象以上のものであるから、表象しかもたない単純な実体には、モナドとかエンテレケイアとかの一般的名称で十分であり、表象がより判明であり記憶(2)を伴う単純な実体だけを魂と呼ぶことを認めたい。

(1)「知覚」の原語は sentiment.『原理』第四節(本書八〇頁)には、「感覚〔*sentiment*〕、言い換えれば記憶を伴う表象」とある。ラテン語訳はこの語を apperceptio(意識表象)と訳している。

(2) 意識表象は、判明な表象と、その表象の意識、つまり注意を要する。そして注意は、すべて記憶を要する(『知性新論』序文)。

20 じっさいに私たちは何も覚えていない状態、識別された表象が少しもない状態を、私たち自身のうちに経験する。たとえば、私たちが気絶したときや、夢一つ見ない深い眠りに陥っているときのようにである。この状態になると魂もただのモナ

ド と著しくは違わないことになるけれども、この状態は持続するものではなく、魂はそこから抜け出してくるので、やはり魂はただのモナド以上のものだということになる。(第六四節)

21　だからといってそういうとき、単純な実体には表象がまったくない、ということにはならない。前に述べた理由からも、それはありえない。単純な実体は、消滅することはできないし、存続する以上必ず何らかの変状〔状態の変化〕を伴うのであり、この変状が単純な実体の表象に他ならないからだ。だが微小表象がきわめて多くあっても識別される表象がなければ(1)、人は茫然自失の状態にある。同じ方向に続けざまに何回もまわると、目が回って気が遠くなり物事の識別がつかなくなるようなものだ。死はこの状態(2)をしばしのあいだ、動物に与えることがある。

(1)　数多くあっても識別されない微小表象の例として、ライプニッツは海岸で聞こえる波の音をしばしば挙げる。波の轟《とどろ》きやざわめきは全体としては聞こえていても、一つ一つの波の音は識別できない(『知性新論』序文)。

(2)　ライプニッツはしばしば死を深い眠りとして語っているが、これはキリスト教の伝統と矛盾せず珍しいものではない。次のイエスの言葉を参照。「なぜ、泣き騒ぐのか。子供は死んだのではない。眠っているのだ」(「マルコによる福音書」五・三九)。「マタイによる福音書」九・二四、「ルカによる福音書」八・五二にも同様の言葉がある。

22 そして単純な実体の現在の状態はすべて、それに先立つ状態から自然的に出てきた帰結であり、したがってそこでは現在が未来をはらんでいる。(第三六〇節)

23 ゆえに、失神状態から目覚めたときに自分の〔知覚〕表象を意識するのだから、私たちは目覚めるすぐ前にもそれをもっていたにちがいない。ただそれを意識しなかっただけだ。じっさい表象は、自然的には他の表象からしか出てこられない。(1) ちょうど運動が自然的には他の運動からしか出てこられないように。(第四〇一―四〇三節)

(1) 第一七節を参照。『弁神論』第四〇三節で、「現在の表象はすべて新たな表象へ向かっている。ちょうど、その表象が表現しているあらゆる運動が別の運動へと向かっているように」と言う。

24　そこからわかるように、もし私たちの表象のなかに、識別された、いわば際立った、ひときわ高い明敏な識別力が少しもないとすれば、私たちはいつまでも茫然自失の状態のなかにいることになるだろう。これが、まったく裸のモナドの状態だ。

25　さらに次のこともわかる。自然は、多くの光線や空気の振動を集めその結合により効果をいっそう強める器官を動物にそなえる入念さをもって、動物たちに水準の高い表象を与えている。嗅覚にも味覚にも触覚にも、おそらく私たちの知らない他のたくさんの感覚にも、それに近いものがある。なお魂のなかで起こることが、器官のなかで生じることをどのように表現するのかは、あとで説明する(1)。

（1）　第六二節以下を参照。

26　記憶は、魂に一種の連結作用を与える。これは理性を模倣してはいるが、理性とは区別しなければならない(1)。動物は、なにか強い衝撃を与えるものを表象すると、以前に同じような表象をもったことがあれば、記憶の表現によって以前の表象のなかでそれと結びついたことがまた起こるのを予期し、そのときと同じような感覚をもつようになる。(2) これは私たちの知るとおりである。たとえば、犬に棒を見せると、犬は棒が引き起こした痛みを思い出して、鳴いたり、逃げたりする。(緒論第六五節)

(1) 動物と人間に共通なのは、過去から未来を推測し予期するような経験的で帰納的な推論で、「理性の影」(『知性新論』第四部第一七章第一―三節)とも呼ばれる。人間だけがもつのが、「推論する能力」としての理性。

(2) 「外的感覚は本来、私たちを決して欺かない。内的感覚のせいで私たちはつい拙速に陥る。内的感覚は動物にも見られる。たとえば犬は鏡に映った像に向かって吠えるが、これは動物にも表象の連結があるからだ」(『弁神論』緒論第六五節)。

27 また、動物に衝撃を与え動揺させる強い想像作用は、以前にもった表象の大きさやその数の多さに由来する。じっさい強い印象が、長いあいだの習慣あるいは弱くてもたびたび繰り返された数多くの表象と、同じ効果を一挙になすことはよくあるものだ。

28　人間も、表象の連結がただ記憶の原理だけでなされているあいだは、動物と同じように行動しているが、これは理論なしに実地体験のみでやっている経験派の医者(1)に似ている。そして私たちの行動の大部分は、経験的でしかない(2)。たとえば、明日も夜が明けるだろうと予期するのは、今までいつもそうだったからというだけで、経験的な振る舞いだ。このことを理論的根拠〔理性〕によって判断するのは、天文学者だけである。

(1)　古代、ガレノスの時代まで医学にいろいろな派があり、「経験派」はその一つで、目に見える病気の前触れを観察することを重視した。後の時代には、伝統や自分の経験に頼って理論的研究を軽視する医者を指すようになった。

(2)　『原理』第五節（本書八二頁）を参照。

29　しかし私たちは、必然的かつ永遠的な真理を認識するので、単なる動物とは区別され、理性と知識をもつことになる。私たちは高められて、自己自身を知り神を知る(1)。そしてこれこそが、私たちの内にある、理性的魂、すなわち精神というものである。

（1）『原理』第五節（本書八二―八三頁）を参照。必然的な永遠真理（たとえば、２＋２＝４は必然的である、三角形の内角の和は一八〇度である）は感覚や経験から引き出されるのではなく、私たちの内に見いだされる生得的真理である（『知性新論』第一部第一章第一―四節）。

30 私たちはまた、必然的真理の認識と抽象によって、反省という行為にまで高められる。それは、私たちに自我というものを考えさせ、私たちの内にこれとかあれとかがあることを考察させる。こうして私たちは、自分を考えることで、存在、実体、単純なもの、複合的なもの、非物質的なもの、さらに神までも考え、私たちにおいては限界があるものが神においては限界がないということを理解する。そして、これら反省的な行為（作用）が、私たちの理性的思考（推論）の主要な対象をもたらしてくれる。（序文＊四a）

31 私たちの思考（推論）は、二つの大原理に基づいている。一つは矛盾の原理で、これによって私たちは、矛盾を含むものを偽と判断し、偽と反対なもの、もしくは偽と矛盾するものを真と判断する。(第四四、一六九節)

32　もう一つは十分な〔充足〕理由の原理で、これによって私たちは、なぜこうであってそれ以外ではないのかという十分な理由がなければ、いかなる事実も真であることもしくは存在することができず、いかなる命題〔言明〕も真実であることはできない、と考える。ただしそうした理由は、ほとんどの場合、私たちには知ることができない。(第四四、一九六節)(1)

(1)『弁神論』第四四節では「決定する理由の原理」と呼ばれている。何ものかが生じるときには必ず、それを決定する原因もしくは少なくともその理由がなければならない。この大原理はすべての出来事について妥当し、この大原理がなかったら、私たちは神の存在を証明することなどできないし、きわめて正当かつ有用な無数の推論(思考の働き)も失ってしまうだろう。

33　真理も二種がある。思考〔推論〕の真理と事実の真理である。思考〔推論〕の真理は必然的でありその反対は不可能で、事実の真理は偶然的でその反対が可能である。真理が必然的であれば、その理由を分析によって見つけることができる。つまりその真理を、もっと単純な観念もしくは真理に分解していき、最後に原初的な観念もしくは真理にまで到達する。(第一七〇、一七四、一八九、二八〇―二八二、三六七節、論争要約第三異論)[1]

(1)『弁神論』のこれらの節では、二つの真理の区別が扱われる。一方は形而上学的ないし幾何学的で、その反対が矛盾を含むもの、もう一方は仮定的ないし道徳的なものである。また、『弁神論』の第一付録「三段論法形式での論争要約」は、「最善の決定をしない者は力能や認識や善意を欠いている(大前提)。神は世界の創造にあたって最善の決定をしなかった(小前提)。ゆえに、神は力能も認識も善意も欠いている(結論)」といった三段論法形式で述べられる異論に対して、ライプニッツが回答を与えるという補足的な論述であり、第一異論から第八異論までである。

34 こうして数学者においては、理論上の定理も応用上の規範も、分析によって定義と公理と公準に還元される。[1]

(1) ユークリッド『原論』における幾何学のいくつかの基本命題の分類によれば、定義とは点・直線などの基本概念の特性の記述、公準とは直観的に与えられた幾何学的図形相互間の基本的関係をあらわす命題、公理とは一般的な論理的基本命題。

35 そして最後に、もうその定義を与えることのできない単純な観念がある。また、証明することができず証明する必要もない公理や公準、ひとことで言えば原初的原理、(1)がある。これらは自同的命題で、その反対は明白な矛盾を含んでいる。

（1） 原初的原理とは定義または公理とも言える。A=Aという自同的命題は公理を構成する。必然的な思考（推論）の真理は、分析が有限回の手続きで完了して自同的命題に至るが、偶然的な事実の真理は、分析が有限回の手続きでは完了せず無限にどこまでも及ぶので分析できない。

36 しかし、偶然的真理ないし事実の真理のなかにも、十分な理由があるはずだ。言い換えれば、被造物の世界に行きわたった事象の系列のなかにも、十分な理由があるはずだ。そこでは自然の事物が果てしなく多様で物体は無限に分割されているから、個々の理由に分解していけば限りなく細部にまで至ることになろう。過去および現在の形と運動が無数にあって、それがいま私が書いていることの作用因に入ってきている。また、私の魂の、現在と過去にわたる微小な傾向や状態が無数にあって、その目的因のなかに入ってきている。（第三六、三七、四四、四五、四九、五二、一二一、一二二、三三七、三四〇、三四四節）

37 さて、こうした細部はすべて、それより以前のもしくはそれよりも細かな偶然的要素のみを蔵し、その偶然的要素それぞれの理由を示すにはまた同じような分析が必要になる。したがって、いくらやっても一向に進まないわけだ。そこで十分な理由すなわち最後の理由は、これら偶然的要素の細部がどれほど無限でありえても、その連続した繋がりつまり系列の外にある、としなければならない[1]。

（1） この主題はとりわけ、『事物の根本的起源について』（一六九七）のはじめで展開されている。偶然的事物の理由の系列の果てに最後の理由があるとするなら、理由の原理により、なおその存在の理由が問われうる。カントは、最高存在者に自分はどこから来たか、と自問させている（『純粋理性批判』「超越論的弁証論」第三章第五節（B六四一））。仮に偶然的なものの細部の系列全体をもったとしても、そうした細部や系列がなぜそうなっているのかの理由は得られない。ここの議論はアリストテレスの第一動者の議論と類似している(『自然学』第八巻二五六a一三、『形而上学』第一二巻第六―七章)。

38　こうして、事象の最後の理由は、一つの必然的な実体のなかにあるはずで、その実体のなかに、諸変化の細部が、ただ卓越的に[1]存している。あたかもその源泉のなかに存するごとくである。この実体が、私たちが神と呼ぶものである。(第七節)

(1)「卓越的に」は、スコラ哲学の用語。トマス・アクィナス『神学大全』(第一部第四問題第二項)によれば、結果のなかに存する完全性は原因のなかに存するはずである。同義的作用者の場合(たとえば人間が人間を生むというようなとき)には、その完全性は同じ本質のままで、原因のなかに存するが、異義的作用者の場合(たとえば太陽のなかに、太陽の力によって生み出されるものの似姿があるというようなとき)、その完全性は「卓越的に」原因のなかに存する。原因と結果とが同じ種に属さず、原因には結果の完全性がより高いあり方で含まれているとき、卓越的に含まれているという。デカルトでは、観念と観念から表現される対象との実在性、完全性の問題に、この考え方が見られる(『省察』Ⅲ、『哲学原理』第一部第一七節など)。

39 さて、この実体はこうした細部すべての十分な理由であり、こうした細部はまた、至るところで繋がりあっているから、神は一つしか存しない、かつ、この神だけで十分である。

40 また、こう考えてもよい。この至高の実体は、唯一、普遍的、必然的であり、それに依存しないものは一つもなく、しかもそれ自身が可能的存在の単純な帰結であるから、限界はありえず、可能なかぎりの実在性が含まれているはずである。

41 そこから、神は絶対的に完全だということになる。完全性とは、事物のもつ限界や制限を除いて厳密な意味に捉えた積極的実在性の大きさに他ならない(1)。そして限界のないところにおいて、すなわち神において、完全性は絶対的に無限である。

(第二二節、序文＊四a)

(1) 実在性(réalité, realitas)はスコラ哲学(特にドゥンス・スコトゥス)に由来する用語で、基本的にもの(res)であることの状態や程度を指す。一七世紀のショーヴァンの『哲学辞典』(一六九二、一七一三再版)によると、実在性はもの(res)から派生した用語だが、ものからは区別される。スコトゥス派は各々のもののなかに多くの実在性を措定している。たとえば人間のなかには多くの実在性——実体であること、生き物であること、動物性、そして人間の究極的実在性としての理知性——がある。ライプニッツの言う実在性は、そのものの本質として含まれる内容もしくは内包の量を指している。実在性は思考可能性に他ならない。だから実在性は完全性の程度に比例する。完全性とは実在性または本質の程度すなわち量である（エックハルト宛書簡、一六七七年夏）。現実的なものだけでなく可能的なものもそれなりの実在性を含み、神の知性において等しく検討される。ライプニッツの言う「実在性」は、現代に用いられているような「主観的観念・想像とは独立な客観的・現実的なあり方」を意味する用法とは異なっている。その違いを明確にするために、河野与一訳ではライプニッツのこの語を「事象性」と訳している。

42　そこからまた、被造物はその完全性を神の作用から得ているが、不完全性は被造物固有の本性から得る、ということになる。被造物の本性は制限なしであることはできないのだ。じっさい被造物が神から区別されるのはその点なのである(1)。被造物のこの本源的不完全性は、物体の自然的惰性(2)のなかにも認められる(3)。（第二〇、二七—三二、一五三、一六七、三七七以下、三〇、三八〇節、論争要約第五異論）

（1）被造物が制限されず不完全性がなければ、それは神になってしまう。

（2）デカルトやニュートンではなく、ケプラーと同様の意味で自然的惰性（慣性）は考えられている。物質が運動に対しても静止に対しても無差別であるようなものではなく、それぞれの物体に内在する力、抵抗をいう。『物体と原動力の本性について』第四節（本書一二〇—一二一頁）と訳注（7）（同二〇一頁）を参照。

（3）この一文はA写本にあり、B写本には見られない。

43 神は現実存在するものの源泉であるばかりか、本質もしくは可能性のなかにある実在的なものの源泉であるのもたしかである。ここでの本質とは、〔ものがもともつ〕実在としての本質である。(1) なぜなら、神の知性は、永遠真理もしくは永遠真理のもとになる観念が存する領域であり、神がなければ、諸々の可能的なもののなかに実在的なものは何もなくなり、現実存在するものがなくなるばかりか、可能的なものさえなくなってしまうからだ。（第二〇節）(2)

（1）「実在（réel）」は「現実存在（existant）」と区別される。ライプニッツはまだ、この語をスコラ的な用法で解しており、「実在（réalité, realitas）」は、res（もの）に由来する。トマス・アクィナスによれば、res は、「存在」「一なるもの」などと並ぶ超範疇的概念の一つである。現実的に存在するものだけでなく、可能的なもの、観念上のものも res と呼ばれ、realitas をもつ（トマス『真理論』第一問題）。

（2）『弁神論』第二〇節では、永遠真理は神の知性の内にはあるが、神の意志からは独立していると明言し、プラトンが『ティマイオス』（四八 a）で、世界の起源が必然性と結びついたヌースにあるとしたことを引いている。永遠真理を神の意志によるとするデカルトとの違いは根本的である。

44　というのも、本質すなわち可能性、あるいは永遠真理のなかに実在性があるならば、この実在性はたしかに何か現に存在している現実的なものに基づいているにちがいないのだ。したがって、本質が現実存在を含み、現実的であるためには可能的であれば十分である、必然的な存在の現存に基づいているにちがいない。（第一八四、一八九、三三五節）[1]

（1）永遠真理によって神の存在を示すことはアウグスティヌスに由来する（アウグスティヌス『自由意志』第二巻第一二、一三、一五章）。ライプニッツでは永遠真理に実在性を与えるのは神の知性であり、神の意志は関わらない（『弁神論』第一八四節）。

45 そこで、神(すなわち必然的存在)だけが、可能的ならば必ず現に存在するはず[1]だ、というこの特権をもっている。そして、限界を含まず否定を含まずしたがって矛盾を含まないものの可能性を妨げるものはないから、そのことだけで十分、神の現実存在をア・プリオリに知ることができる。[2]私たちは、永遠真理の実在性によってもそれを証明した。[3]

しかし私たちはさきほど、それをア・ポステリオリにも証明した。[4]なぜなら、偶然的なものは現実存在しているが、必然的なもののなかにしかその最後の理由つまり十分な理由をもつことができないのに、この必然的なものは自分自身のなかにその現実存在の理由をもっているからである。

(1) アンセルムスやデカルトのいわゆる神の存在論的証明は論理的欠陥をもっているという批判が背景にある。デカルトはこう論証する。最も完全な存在者という神の観念は現実存在を含んでいる。現実存在は一つの完全性なのだから、神が現実存在を欠いていれば最も完全な存在者という定義に反するからである。すなわち、神の本質は存在を含むと。ライプニッツは、この論証では、最も完全な存在者という観念が可能であり矛盾を含んでいないことが暗黙のうちに仮定されていると批判する(『知性新論』第四部第一〇章第七節)。最大数、最大速度のような観念は不可能な矛盾した観念だが、それとは違って神の観念は可能的であることを示さなければならない。

(2)「経験に先だって」という今日の意味ではなく、それ以前の意味。原因から結果を示し、原理から帰結を導くのがア・プリオリな論証で、結果から原因を示し、帰結から原因へ遡るのがア・ポステリオリな論証(『知性新論』第四部第一七章第一節参照)。「ア・プリオリに(すなわち経験によらずに)」という用法もある(『形而上学叙説』第八節)。

(3) 第四三―四四節。

(4) 第三六―三九節。

46 だが、ある人々のように、永遠真理は神に依存しているから恣意的であり神の意志による、などと思ってはならない。デカルトはそう考えたようであり、その後ポワレ[1]氏がそれに従っている。けれどもこれは偶然的真理にしか当てはまらない。偶然的真理の原理は適合つまり最善なものの選択である。しかし必然的真理は、神の知性にのみ依存してその内的対象となっているのである。[2]（第一八〇―一八四、一八五、三三五、三五一、三八〇節）

(1) ピエール・ポワレ(一六四六―一七一九)はカルヴァン派の神学者。始めはデカルト派で、『神、魂、および悪の理性的思索』(アムステルダム、一六七七)を著して、ベールから攻撃を受けた。その後オランダの宗教家アントワネット・ブリニョン(一六一六—一六八〇)の影響で神秘主義者となる。

(2) この点でデカルトとの相違は明らかである。デカルトは人間の知性と神の知性を異質なものとし、非連続的に捉える。ライプニッツでは創造されたものの本質と創造者の本質とのあいだには発展的な差異があるだけで、人間知性の最高原理は神にも人にも共通に当てはまる。

47 そこで、神だけが原初的な一なるもの(1)、すなわち本源的な単純実体であり、創造されたすなわち派生的であるモナドは、すべてその生産物で、いわば神性の不断の閃光放射(2)によって刻々そこから生まれてくる。けれどもこの創造されたモナドは、本質上有限な被造物の受容性のために、制限を受けている。(第三八二—三九一、三九八、三九五節)

(1) 草稿では最初、「神は原初的な単純実体すなわちモナド」とされていたが、最終稿(B写本)ではモナドという語は削除された。以前はモナドという語は神にも被造物にも適用されていたが、モナドという呼び方を被造物だけに限定したのは、身体をそなえたモナドの特徴(第一節)を強調するため。「神はモナドのなかのモナドである」という有名な表現が流布してきたが、これはライプニッツ自身というよりも、後のヘーゲルの『哲学史』に由来する。

(2)「閃光放射」の原語は fulgurations. 語源的には雷光の放射を意味し、哲学的な意味として発出(émanation)につながるものがあり、ゾフィー宛書簡(一七〇五年一〇月三一日)に創造の連続についてのイメージが見られる。瞬間ごとに無から再創造して不連続なものをつなぎあわせるデカルトの連続的創造とも、互いに完全に依存しあって進むスピノザ的な同質的な流出とも異なり、その中間的なものとも言える。神の創造作用は人間が思考を生み出す働きに喩えられている(『形而上学叙説』第一四、三二節)。

48　神のなかには、すべてのものの源泉となる力能と、諸観念の細部を蔵する認識と、最善の原理によって変化や産出をなす意志とがある。[1]（第七、一四九―一五〇節）

そしてこの三つは、創造されたモナドにおける基体すなわち基礎[2]と、表象の能力と、欲求の能力とに対応している。ただし神においては、こうした属性は絶対的に無限つまり完全である。だが創造されたモナドすなわちエンテレケイア（ヘルモラウス・バルバルスの訳語では〈ペルフェクティハビエス〉[3]）においては、完全性が存する度合いに応じて、それらの属性の模倣があるにすぎない。（第八七節）

（1）『弁神論』第一五〇節ではこの三つの完全性を、トンマーゾ・カンパネッラ（一五六八―一六三九）の用いる「本源」につなげて、さらに次のように述べる。「ここに三位一体の秘密があると信じる人までいた。……力能が父で神性の源泉……知恵が永遠の言葉であり……〈ロゴス〉と呼ばれているもの……意志は聖霊に対する愛」。

（2）sujet（基体）、base（基礎）という語は他にほとんど見られないが、ブルゲ宛書簡（一七一四年一二月）でこう言っている――「スピノザによれば、ただ一つの実体しか存在しません。諸々のモナドが存在していないのであれば、彼は正しいでしょう。その場合には、神以外のすべては推移的なものとなり、単なる偶有性や変様のなかに消え去ってしまうでしょう。諸事物のなかに、モナドの現実存在のなかにあるような実体的基礎〔base〕が存在しないことになってしまうからです」と（本書一七八頁）。

（3）ヘルモラウス・バルバルス、すなわちエルモーラオ・バルバロ（一四五四―一四九三）はヴェネチアで生まれたイタリア人で、聖職者、人文主義者、外交官。アリストテレスの翻訳がある。『弁神論』第八七節に、エンテレケイアとバルバロについて述べられた箇所がある。ペルフェクティハビエス（perfectihabies）は、perfectum（完全なもの）と habeo（もつ）の合成語で「完全性をもつもの」の意味。こうした逐語訳を行った理由は、バルバロがアリストテレスの真の哲学をスコラ派のアリストテレス理解（または誤解）から立ち戻らせようとし、既存のラテン語訳にも満足していなかったため。

49　被造物は、完全性をもつかぎり外部に能動作用を及ぼすと言われ、不完全であるかぎり他の被造物から作用を受けると言われる。それで、モナドが判明な表象を[1]もつかぎりそれに能動作用を、混乱した表象をもつかぎりそれに受動作用を認める。（第三二、六六、三八六節）

（1）　各モナドがもつ表象の程度（第二〇、二四節）が、そのモナドがもつ完全性の段階を示す指標となっている。ある事物を他の事物から識別するのに十分な徴《しるし》を一つ一つ枚挙できないのが「混乱した表象」で、一つ一つ識別する徴を説明できるのが「判明な表象」。『認識、真理、観念についての省察』、『形而上学叙説』第二四節参照。

50　ある一つの被造物のなかに、他の一つに起こることの理由をア・プリオリに示す役に立つものがあれば、その被造物は他の被造物よりも完全である。そしてこれによって、この被造物が他の被造物に作用を及ぼす、と言われる。

51　しかし単純な実体においては、一つのモナドが他のモナドに観念的な作用を及ぼすだけであり、その作用も神の仲介によってしか実現されえない。それも、ただ神がもっている諸観念のなかで、一つのモナドが、神が万物の始まり以来他の諸モナドを支配していくにあたってそのモナドをも考慮してくれることを正当な理由をもって要求しうるかぎりにおいてだ。というのも、創造されたモナドは、他の創造されたモナドの内部に物理的な作用を及ぼすことができないのだから、一つのモナドが他のモナドと依存関係をもつには、このやり方しかないのである。（第九、五四、六五、六六、二〇一節、論争要約第三異論）

52 これによって、被造物のあいだで能動作用と受動作用は相互的である。というのも、神は二つの単純な実体を比較する際に、それぞれのなかに、一方を他方に調整[1]せざるをえない理由を見いだすのである。したがって、ある観点で能動的なものが、別の考察点からは受動的である。つまり、あるものにおいて私たちが判明に認識することが、他のもののなかに起こることを説明するのに役立つかぎり、それは能動的であり、あるもののなかに起こることの理由が、他のもののなかで判明に認識されることのなかに存するかぎり、それは受動的である。（第六六節）

（1）「調整する(accommoder)」という言い方は、語源的にはラテン語の accommodare に由来する。測ること(modus)であり、また旋律・リズム(modus)に合わせるという音楽的なイメージを伴っているとも言える。

53　ところで、神のもつ観念のなかには無限に多くの可能的宇宙があるのに、宇宙はただ一つしか現実に存在できないのであるから[1]、他の宇宙でなくてこの宇宙を選ぶよう決定する神の選択の十分な理由がなければならない。（第八、一〇、四四、一七三、一九六以下、二二五、四一四—四一六節）

（1）『弁神論』の終わり第四〇九—四一七節に、無数の可能的世界と現実には一つしか存在しえない世界について、「運命の宮殿」の話がある。セクストゥス・タルクィニウスはリウィウスの『ローマ建国史』に名を残す悪逆非道の人物で、ローマの伝承上の最後の王タルクィニウスの息子。縁者の妻ルクレティアへの暴虐で知られ、この父子の追放によって、ローマの共和政が始まったとされる。「運命の宮殿」ではセクストゥスの、善良なる者としての生涯も含め、別の国へ赴きその王となって幸福な生涯を送るなど、さまざまな可能的世界が宮殿の各部屋で表現される。こうした可能的世界は無数にあるが、現実世界はただ一つである。可能的宇宙(可能的世界)は、現実世界の偶然性と最善なものとしてそれを選択した神の知性とを同時に説明する役割がある。神の選択は恣意的になされたのではなく、十分な理由がある。

54 そしてこの理由は、適合のなか、もしくはこれらの世界が含んでいる完全性の度合いのなかにしか存しえない。可能的なものはどれも、内包している完全性に応じて現実存在を要求する権利をもっているからだ。こうしてそこには、まったく恣意的なものは一つもない。(1)（第七四、一六七、三五〇、二〇一、一三〇、三五二、三四五以下、三五四節）

（1）可能的なもの、あるいは事物の本質には一種の現実存在への要求が認められる。『弁神論』第二〇一節ではさらにこう述べる。可能的なもののすべてが宇宙の同一の経過のなかで共存できるとは限らない。神が何ものかを創造しようと決意するや、すべての可能的なもの、存在を要求するすべてのものが、互いに争いに入る、と。『原理』第一〇節（本書八七頁）、『事物の根本的起源について』参照。この最後の一文はB写本にはない。

55 これが最善なものが現実存在する原因である。(1) 神は知恵によって最善なものを知り、善意によってこれを選び、力能によってこれを生じさせる。(2)（第八、七八、八

〇、八四、一一九、二〇四、二〇六、二〇八、論争要約第一異論と第八異論)

(1) 原因(神は知恵によって最善なものを知る)から結果(最善なものが現実に存在する)を示すア・プリオリな論証になっている。だが、人間は最善なものを知ることができないので、結果から原因を判断すべきである(『弁神論』第一〇節)。

(2) 意志ではなくて、力能が創造する。『弁神論』第一一六節も参照。

56 さて、創造されたすべてのものがその各々と、また各々が他のものすべてと、連結し適応しあっているので、単純な実体はどれも、他のすべての実体を表出する連関をもち、それゆえ宇宙の生きた永続の鏡となっている。[(1)] (第一三〇、三六〇節)

(1) 「鏡」のメタファーはライプニッツが好んで用いる表現だが、奇妙なことに、『弁神論』には(第一三〇節にも、第三六〇節にも、他の節にも)なく、『知性新論』でもほぼ見られない。信頼できる親しい相手に対してか(ゾフィー宛書簡、レモン宛書簡、ダンジクール宛書簡など)、自分用の原稿にもっぱら使われているようである。

57 同じ都市でも、異なる方面から眺めるとまったく別のものに見え、眺望としては幾重にもなったように見える。これと同じように、単純な実体が無限に多くあるために、その数だけの異なる宇宙があることになる。けれどもそれらは、各々のモナドの異なる視点から見る唯一の宇宙のさまざまな眺望に他ならない[1]。（第一四七節）

（1）『弁神論』第三五七節では多様な眺望の例として、同一の円がさまざまな円錐曲線（楕円や放物線や双曲線）によって透視図法的に表現されながら、互いに正確な対応関係があることが挙げられている。第一四七節では人間が小さき神、ミクロコスモスと表現されている。

58 そしてこれは、できるだけ多くの変化に富む多様性[1]を、しかもできうる限りの優れた秩序とともに得る方法である。言い換えれば、できうる限りの完全性を得る方法である。（第一二〇、一二四、二四一以下、二一四、二四三、二七五節）

（1）多様性は数の多さではなく、できるだけ多くの種類をもつ質的な多様性。

59 このゆえに、神の偉大さをそれにふさわしく高めるのは、この仮説（すでに証明済みと言ってよい）だけである。このことをベール氏は認めたのだが、『辞典』での反論の際（ロラリウスの項）[1]、私が神にあまりに多くのことを、可能である以上のことを与えている、と言いかねないほどだった。しかし、この普遍的調和、すべての実体が他のすべての実体を自分のもつ関係に従って厳密に表出するようになっている普遍的調和が、なぜ不可能であるのか、ベール氏はその理由を一つも主張できなかった。

（1）『辞典』の「ロラリウス」の項については、第一六節の訳注（3）参照。デカルトの神は恣意的に働き、スピノザの神は必然性から働き、マルブランシュの神は奇蹟によって被造物に介入するが、予定調和説は恣意性も必然性も奇蹟も用いないので、神の偉大さを高めるのに相応しいとする。

60　さらに、いま述べたことによって、なぜ事物の起こり方がこうであってそれ以外でないのかというア・プリオリな理由がわかる。なぜなら、神は全体を統御しながら、それぞれの部分、特にそれぞれのモナドを考慮しているからであり、モナドの本性は表現的であることから、何ものもそれに制限を加えて事物の一部分しか表現しないようにすることはできないからだ。ただしこの表現は、全宇宙の細部においては混乱していることを免れず、諸事物の少しの部分、つまりそれぞれのモナドとの関係で最も近い(1)ものとか最も大きいものにおいてしか、判明でありえない。そうでないと各モナドは神のごとくになってしまう。モナドが制限を受けるのは、その対象においてではなく、対象を認識する仕方においてである。モナドはどれも混乱している仕方で無限に向かい、全体に向かっている。だが制限を受け、判明な表象の度合いによって区別されている。

(1)「近い」というのは空間的な距離ではなく、表象を分析する際に中間項がより多く介在すれば「遠く」、より少なく介在すれば「近い」。

61 そうしてこの点で、複合体は単純体と符合する(1)。というのも、すべてが充実しているのであらゆる物質が結びつきあっているし、充実空間ではすべての運動は隔たった物体にも距離に応じて効果を及ぼすのであり、どの物体もそれに接触する物体から影響を受け、そこに起こるすべてのことを何らかの仕方で感知するばかりか、それを介して、直接に接触している物体とさらにこれに接触している物体のことを感じるからだ。その結果、このような交渉はどんな遠いところにも及んでいく。したがって、すべての物体は宇宙のなかに起こるすべてのことを感知するから、すべてを見る者は、時間的にも場所的にも遠く離れていることを現在のなかに認めて、どの物体のなかにも、あらゆるところでいま起こっていること、さらにはいままでに起こったことやこれから起こるであろうことまでも読み取ることができる。〈すべてが共に呼吸している〉(2)〔万物同気〕とヒポクラテスは言っていたのである。けれども魂は、自分自身のなかには、そこに判明に表現されていることしか読み取ることができない。魂は自分の襞《ひだ》(3)を一挙にすっかり展開することはできない。その襞は無限に及んでいるからだ。

(1)「符合する」の原語は symboliser. モナドと宇宙の対応関係を示す。symboliser の語は錬金術や医学の語彙から来たものであろうが、ここでは次元を異にする二つの世界の調和や対応関係を表現している。

(2) 原文は *σύμπνοια πάντα.* 注釈者たちによれば、*σύμπνοια* という名詞は、*σύμπνοα* という形容詞の誤記あるいは覚え違い。『知性新論』序文でもこの言葉を引いて、「すべてが共に呼吸している」とライプニッツは訳している。ヒポクラテス(前四六〇頃—前三七〇頃)の『食料論』四のテクストがもと。

(3)「襞」は『原理』第一三節(本書八九頁)にも出てくる。

62 こうして、創造されたモナドはそれぞれに宇宙全体を表現し、特にそのモナドに割り当てられて、モナドがそのエンテレケイアをなしている物体〔身体〕をより判明に表象する。そうしてこの物体は、あらゆる物質が充実空間のなかで結合していることで宇宙全体を表出しているから、魂もまた、個別的に自分に属している物体〔身体〕を表現することによって、同時に宇宙全体を表現する。（第四〇〇節）

63 あるモナドに属して、そのモナドが自分のエンテレケイアまたは魂となっている物体は、エンテレケイアと一緒になって生物と名づけうるものを構成し、魂と一緒になって動物と呼ばれるものを構成する。[1]

さて、この生物または動物の身体は、つねに有機的である。すべてのモナドは自己のやり方で宇宙を映す鏡であり、宇宙は完全な秩序に整えられているから、それを表現するもののなかにも、言い換えれば魂の表象のなかにも、したがって魂が宇宙を表現するときに対応する身体のなかにも、秩序があるにちがいない。（第四〇三節）

(1) ライプニッツは万物をある意味で生き物と捉え、「諸々のモナドのあいだには生命の無限の段階」がある(『原理』第四節(本書八〇頁))としているが、「生物」と「動物」の区別はモナドの三つの段階——(1)微小表象をもつ最も低い段階の単純な実体(単なるモナド、エンテレケイア)、(2)記憶・判明な表象(意識表象)をもつ魂、(3)自己意識と理性をもつ理性的魂・精神(『モナドロジー』第一九、二九節)——にほぼ対応している。そして、「各モナドは、特定の物体と一緒に生きた実体をなして」おり(『原理』第四節(同前))、第一段階のモナドによって支配される単なる有機的物体が生物、第二段階の魂によって支配される有機体が動物と呼ばれ、第三段階の理性的魂・精神によって支配されるのが人間である。

64　こうして生物の有機的な身体[1]はそれぞれ、神的な機械あるいは自然的な自動機械ともいうべく、どんな人工的な機械よりも無限にすぐれている。なぜなら、人間の技術によってつくられた機械は、その一つ一つの部分までは機械になっていないからだ。例を挙げよう。真鍮《しんちゅう》の歯車には歯の部分や断片があるが、それらは私たちから見るともう人工的なものではなく、その歯車の用途から見てももはや機械らしいところは何も示していない。けれども自然の機械つまり生きた身体は、その最も小さい部分でこれを無限にまで分割していってもやはり機械になっている。これが自然と技術、つまり神の技法と人間の技法との差異である。（第一三四、一四六、一九四、四〇三節）

（1） 有機的とは、全体としての身体とその部分（器官）、その部分の部分、さらにその部分……と入れ子状に無限に続く構造のこと。当時は生体だけでなく楽器などにも使われていた。『原理』第三節（本書七八―七九頁）参照。

65 そうして自然の創作者は、この神的で無限に精妙な技巧を働かすことができた。なぜなら、物質のどの部分も、古代の人たち(1)が認めたように無限に分割できるばかりでなく、各部分は現実的にさらに細かい部分へと際限なく分かたれて(2)、しかもその部分のどれもが何らかの固有の運動をしているからだ。そうでなければ、物質の各部分が宇宙全体を表出しうる、と言うのは不可能である。（緒論第七〇節、『弁神論』第一九五節）

（1） たとえば、アリストテレス（『自然学』第六巻二三一b一〇―一三、一八）。

（2） パスカルの二つの無限（『パンセ』断章一九九（ラフュマ版）、断章七二（ブランシュヴィック版〕)が想定されてもいるだろう。『パスカルにおける二つの無限とモナド』(一六九五頃)という小品は二つの無限を考察している。

66　それによって、物質の最も小さな部分にも、被造物、生物、動物、エンテレケイア、魂の入っている世界があることがわかる。

67　物質の各部分は、植物が一面に生えている庭や、魚がいっぱいいる池のようなものと考えることができる。とはいえ、その植物の枝や、動物の肢体や、その体液の滴《しずく》の一つ一つが、やはりそのような庭であり池なのである。

68　その庭の植物のあいだに挟まれている土と空気、池の魚のあいだに挟まれている水は、植物や魚ではないけれど、それが実はやはり植物や魚を含んでいる。でもたいていは、あまりに微細で私たちには知覚表象できないのである。(1)

(1)　当時は顕微鏡による研究が進展し、ライプニッツは特にレーウェンフックが顕微鏡を用いて精子を発見したことに関心をもち、一六七六年にレーウェンフックに会っている。無限に小さな動物がいて、顕微鏡によって発見されるかもしれないという考えは、同時代の人たちもある意味で共有していた。マルブランシュにも同じ考えが見られる(『真理の探究』第一巻「感覚」第六章)。第七四節を参照。

69 それで宇宙には、耕されていないところ、不毛なところ、生命のないところは一つもない。混沌も混乱もなく、そう見えるのは外観だけである。少し離れて池を見たときに魚そのものを一つ一つ見分けることができないで、池の魚の混乱した動き、いわば群がりが見える、というようなものだ。(序文＊＊五b、＊＊＊b)

70 そこから、どの生きた身体にもそれを支配するエンテレケイアがあり、動物ではそれが魂であることがわかる。さて、この生きた身体の肢体には、他の生命体、植物、動物が充ちていて、その各々がまた、それを支配するエンテレケイアもしくは魂をもっている。

71 けれども、ある人たちのように私の思想を誤解して[1]、どの魂にもそれに固有なすなわち永久に割り当てられた、物質の塊あるいは部分があり、したがっていつまでも自分の役に立つよう定められた他の下等な生物を所有している、などと思い込んではならない。すべての物体は川のように[2]永続的な流動状態にあり、その諸部分は絶えずそこに入ったりそこから出たりしているからである。

（1）ベール『辞典』「ロラリウス」の項の記述を示唆している。ベールの誤解は物質（質料）についての誤解であり、すべての被造物がもつ制限・受動性としての第一質料と、変化する身体（物体）としての第二質料とを混同したことに起因するのではないか、とラッタは注記。

（2）プラトンの引用したヘラクレイトスの定式が想起される。ヘラクレイトスは、すべては去りつつあり何ものも止まらない、そして在るものを川の流れに喩えて、汝は同じ川に二度と足を踏み入れることはできないであろう、とも言っている（『クラテュロス』四〇二a）。

72　それで魂は少しずつ徐々にしか身体を取り換えないから、その器官すべてをいちどきに失うことは決してない。また動物には、変態ということがよくあるけれど、輪廻すなわち魂の転生は決してない。さらに〔身体から〕まったく遊離した魂もなく、

身体をもたない精霊もない。(1) ただ神のみが身体から完全に離れている。(第九〇、一二四節)

(1) これは必ずしも伝統的な見解ではなかった。トマスは、人間の魂は身体と一つになっているが、天使は身体と合一していないとした(『神学大全』第一部第七五問題第二、七項)。ライプニッツは自説の正当性を訴えるために教父たちを援用し、多くの教父も天使にさえ身体を認めていたと述べている(ヨハン・ベルヌーイ宛書簡、一六九八年一二月一七日)。身体をもたない多くの例外を認めると、他のモナドとの関係を欠く魂を認め、宇宙全体の秩序や調和と齟齬をきたすため。『原理』第六節(本書八三—八四頁)も参照。

73 このためにまた、まるごとの発生も、厳密な意味での完全な死すなわち魂の分離も、決してない。私たちが発生と名づけていることは展開や増大であり、死と名づけていることは内包や減少である。

74 哲学者たちは、形相、エンテレケイア、魂の起源について、(1) はなはだ困惑してきた。しかし今日、植物や昆虫や動物についての精密な研究によって、自然の有機体が混沌や腐敗から生じるものではなく、つねに種子、そのなかに疑いなく何らかの予先形成(2)を含んでいる種子から生じることが知られた。そこで、有機的な身体が受精以前からすでにそこに存していたということ、それだけでなく、その身体のなかにある魂も、ひとことで言えば動物そのものも、そこに存していたのであり、受精作用はただ、この動物が別種の動物になるための大きな変形を受ける準備にすぎない、と判断されている。発生以外にもさらに、蛆《うじ》が蠅《はえ》になったり、毛虫が蝶になったりするような、発生に似たことが見られる。（第八六、八九節、序文＊＊＊五b以下、第九〇、一八七、一八八、四〇三、八六、三九七節）

（1）　魂の起源については当時、混沌や腐敗から生じる、親から子に伝えられる、そのつど創造される（アルノー宛書簡、一六八七年九／一〇月）、身体と結びつく前に彼岸の世界や前世で先在している（『弁神論』第八六節）など諸説あった。

（2）　レーウェンフック、スワンメルダム、マルピーギらが顕微鏡を用いて到達した生物発生のメカニズムに関する業績が根拠となっている。ライプニッツは、予先形成説は聖書の教え（「創世記」一・一一―一二）とも一致するとしている。種子的動物はさらに小さな別の種子的動物に由来し、世界の始まりにまで遡ることは、種子が太初からあったとする聖書の説くところと一致する、と述べる（『唯一の普遍的精神の説についての考察』一

七〇二)。『新説』第六節(本書一〇〇―一〇一頁)と訳注(13)(同一九五頁)を参照。

75 動物たちのうちには、受精の働きによってさらに大きい動物の段階に達するものがあり、精子的動物[1]と呼ぶことができる。しかし、それらのうちで元の種にとどまっているもの、つまり大部分のものは、大きい動物と同じように生まれ増殖し滅びてしまい、前より大きな舞台に移っていくのは、少数の選ばれたものだけである。[2]

(1) sperme(精子)、spermatique(精子的)という語は、レーウェンフックが顕微鏡で精子を発見するはるか以前から使われていたもので、今日の男性の精子・精液といった意味よりも広く、種子という意味で男性にも女性にも使われた。医者は一般的に動物の身体の諸部分を種子的なもの(spermatiques)と肉的なものに区分し、種子的なものは多くの種子からつくられ、肉的なものは血からつくられている、種子的な部分は骨と軟骨をつくり、肉的なものは肢体と静脈と動脈をつくる、と考えていた(フュルティエール『普遍辞典』)。ライプニッツの言う精子的動物は種子的動物と同義であろう。

(2) 第八二節を参照。

76 でも、これは真理の半面にすぎなかった。だから私は次のように判断した。動物が決して自然的に生じないならば、自然的に滅びることもない。全面的な発生もないばかりか、全面的な壊滅もなく、厳密な意味での死もない、と。このア・ポステリオリになされ経験から引き出された推論は、上述のア・プリオリに演繹した私の原理[1]と完全に一致する。（第九〇節）

（1）第七三節の発生と死についての議論。また第三―五節も参照。

77 そこで、魂（不滅な宇宙の鏡）が不滅であるばかりでなく、動物そのものも、その〔身体の〕機械はしばしば部分的に死滅したり、有機的な殻を脱いだりまとったりするけれど[1]、やはり不滅であると言える。

（1）ゾフィー宛書簡（一六九六年一一月四日）では、「蛇が古い皮を脱ぎ捨てるようなもの」と喩えられている（本書一三六頁）。

78 これらの原理によって、私は魂と有機的な身体の結合ないし一致を自然的に説明する方法を得た。魂は魂みずからの法則に従い、身体も身体みずからの法則に従う。それでも両者が一致するのは、あらゆる実体のあいだにある予定調和[1]のためで

あり、それは実体がすべて、同じ一つの宇宙の表現だからである。（序文＊＊＊六、第三四〇、三五二、三五三、三五八節）

（1）この言葉は『新説の第一解明』（一六九五）第一八節で初めて使われ、『第二解明』（一六九六）では、有名な二つの時計の比喩で説明された。『新説』第一三節（本書一〇七―一〇八頁）と訳注（25）（同一九八頁）を参照。

79 魂は目的因の法則に従い、欲求、目的、手段によって作用する。物体〔身体〕は、動力因〔作用因〕の法則すなわち運動の法則に従って作用する。しかもこの二つの領域、動力因〔作用因〕の領域と目的因の領域とは互いに調和している。（1）

（1）『原理』第三節（本書七九―八〇頁）参照。

80 デカルトは、物質のなかにはつねに同一量の力があるから、魂が物体に力を与えることはできないと認めた。けれども魂が物体の方向を変えることはできると信じた。（1）しかしこれは、デカルトの時代にはまだ、物質における同一方向全体の保存（2）、という自然法則が知られていなかったからだ。もしそれをわかっていたなら、デカルトも私の予定調和説をとるようになっただろう。(序文＊＊＊＊、第二二、五九、六〇、六一、六三、六六、三四五、三四六以下、三五四、三五五節)

(1) ライプニッツは、デカルトの運動量保存の法則を批判したが(『形而上学叙説』第一七節など)、ここではデカルトが『情念論』第三一—四一節で示したような、魂が脳内の松果腺を介して動物精気の流れの方向を変え、神経から筋肉を経て身体を動かす、という理論を批判している。そこに心身間の相互作用(直接的影響関係)を感取しているため。

(2) 今日で言うベクトルに相当する。

81　この説によると、物体(身体)はあたかも魂がないかのように(これは不可能だろうが)作用し、魂は物体(身体)がないかのように作用し、しかも両方とも互いに作用を及ぼしあうかのように作用する。

82　では精神すなわち理性的魂はどうかといえば、これまで述べたように(つまり動物も魂も、世界とともにしか生じず、世界とともにしか滅びない)、すべての生物や動物において結局は同じことだと私は認めるけれど、理性的動物には特殊なところがあって、その微小な精子的動物がただ精子的動物にとどまっているかぎり、通常の魂つまり感覚的魂しかもっていない。しかしそのうちのいわば選ばれたものが、現実的受精によって人間の本性に達するや、その感覚的魂は高められて、理性の段階、つまり精神の特権に到達する。(1)（第九一、三九七節）

（1） 人間の理性的魂の出現の問題は、ライプニッツ自身かつては十分な知識をもっていないと認めていたが、『弁神論』（第九一、三九七節）および『モナドロジー』では、始めから神によって創造され精子（種子）の内に存在して妊娠（受精）を待っているのでもなく、精子（種子）の内には存在せず妊娠の時点で創造されるのでもなく、多くのものが創造されていてもその少数だけが選ばれ、それを決する時点が受精である、と結論づけるに至った。

83 通常の魂と精神のあいだには多くの差異があって、その一部はすでに述べたが、(1)なお次のような差異がある。魂一般は、被造物の宇宙の生きた鏡ないしその似姿であるが、精神はそのうえに、神そのもの、自然の作者そのものの似姿であり、宇宙の体系を知ることができ、建築術的な雛型《ひながた》によってある点まで宇宙を模倣すること

ができる。[2] こうしてそれぞれの精神は、自分の領域における小さな神のようなものである。（第一四七節）

（1）第一九―三〇節。

（2）『原理』第一四節（本書九〇頁）参照。人間が神の似姿であるという考えは、「創世記」一・二七―二八に由来する。

84 これによって精神は、神と一種の共同体に入ることができ、神は精神に対して、発明者が機械に対する関係（つまり神が精神以外の他の被造物に対する関係）にとどまらず、君主と臣下、さらには父と子の関係になる。[1]

（1）『形而上学叙説』第三六節参照。

85 そこから容易に次のことが結論できる。あらゆる精神の集合は神の国、[1] すなわち最も完全な君主のもとにおいて、できる限り最も完全な国家を構成していなければならない。（第一四六節、論争要約第二異論）

（1）ライプニッツの「神の国」は、アウグスティヌスの「神の国」――肉によって生きる人々の「地上の国」に対する——とは異なる。科学的・機械的説明の及びうる自然世界に対して、精神的・道徳的世界である。アウグスティヌスの神の国はキリスト教会のことであり、そこにはキリスト者の精神が住まうだけだが、ライプニッツの神の国にはすべての精神が住み、それは人間だけにとどまらない。神の国は無数の精霊と理性的被造物、そしてあらゆる種類のものから成り立っている（『弁神論』第一付録「論争要約第二異論への回答」）。

86 この神の国、この真に普遍的な王国は、自然世界のなかにある道徳世界である。そして神の作品のうちで最も気高く、最も神的なものがある。この国のなかにこそ神の栄光が真に存している。(1) もし神の偉大さと神の善意を精神が認識し賛嘆しないなら、神の栄光はありえないことになるからだ。また、神の知恵と力能は至るところに顕現しているけれど、神が本来的に善意をもつのはこの神の国に対してである。

(1) マルブランシュは、神の栄光はもっぱら神自身のためであり、人が神の作品の完全性や美を讃えないとしても神の栄光が損なわれることはないとしている（マルブランシュ『形而上学、宗教、死についての対話』第九対話第四項）。これに対してライプニッツは、神の栄光において人間の果たす役割を強く認める。他方、ライプニッツには、神は一頭のライオンよりも一人の人間のほうを重視するが、神がライオンという種族全体より一人の人間のほうを選び取るかは確信できない(『弁神論』第一一八節)と、自然の生存権を認める今日の環境倫理に通じる視点も見られる。

87　さきに私たちは、自然の二つの世界、すなわち動力因〔作用因〕の世界と目的因の世界のあいだに完全な調和があることを明らかにしたが、(1) ここでさらに、自然の物理的世界と恩寵の道徳的世界、すなわち宇宙という機械の建築者としての神と、精神がつくる神の国の君主としての神のあいだに、なおもう一つの調和があることを認めなければならない。(2)（第六二、七四、一一八、二四八、一一二、一三〇、二四七節）

(1)　第七八―七九節で述べられた。

(2)　自然の世界と恩寵の世界は異質なものではなく、連続的で類比的である。動力因の領域と目的因の領域が自然の世界を構成し、その目的因の領域の最高段階が恩寵の世界へ通じている(第八八節)。恩寵という言葉は、ある者が神に選ばれ他の者が見捨てられる救いといった意味ではなく、より広い道徳的領域といった意味で使われている。

88　この調和によって事物は、まさに自然の途を経て恩寵にまで至ることになり、たとえばこの地球も、諸精神への統治がそれを要求するたびごとに、自然的な途を経て破壊されたり、修復されたりしなければならなくなる。(1) それは、ある者たちを罰し、他の者たちを賞するためである。(第一八以下、一一〇、二四四、二四五、三四〇節)

(1) 『弁神論』第二四四—二四五節では地球の大変動を述べ、大火に包まれ、そのあとの冷却で海が生成し、陸地も海も大荒れの地球の状態を語る。この大変動はついに終結し、地球は私たちが今日見るような姿をとったが、そうした無秩序は諸事物を現在あるようなところまで導くのに役立ち、そしてこの地球が私たちの手によって開拓されるのに相応しくなっているのはその無秩序を通じてであった、と結論づけている。大火と再生の永遠のサイクルというイメージはストア派的でもあり、地球の自然的形成のプロセスは『プロトガイア』(一六九一)で描かれている。自然の世界は機械的に進展するのでそのまま道徳的世界とはならないが、賞罰の手段とはなる。『弁神論』末尾にあるローマの伝承上の最後の王タルクィニウスの息子セクストゥス・タルクィニウスの話が示しているように、最善な世界は神による始めの設定についてなのであって、人間が何もせず結果を待つだけでは不平は言えない。

89　さらにこう言える。建築者としての神はすべてにおいて立法者としての神を満足させる。それで、罪は自然の秩序によって、また、まさに事物の機械的な構造によって、その刑罰を背負っていかねばならない。同様に優れた行いは、物体〔身体〕に関わる機械的な途を経てその褒賞を得るようになる。ただしこれは、つねにすぐさま起こりうるとは限らず、起こるべきとも限らない。

90　最後にこの完全な統治のもとで、善行には必ず褒賞があり、悪行には必ず罰がある。すべては、善い人々にとって善い結果をもたらすはずだ[1]。善い人々とは、この偉大な国にあって不満を抱くことなく、自分の義務を果たしたうえで神の摂理を信頼し、すべての善の創作者〔神〕をしかるべく愛しかつ模倣する。そうして自分の愛する者の幸福を喜ぶ本当の純粋な愛の本性に従い、神のさまざまな完全性を注視して喜ぶ。こういう人々のことである[2]。そこで、賢明で有徳な人たちは、推測によって知られる、すなわち先行的な神の意志に適うと見えるすべてに力を尽くすのであるが、しかしまた、神の秘められた帰結的すなわち決定的意志によって実際に起こることにも満足〔我慢〕する[3]。彼らはこのとき次のことを認める。もし私たちが宇宙の秩序を十分に理解しうるなら、その秩序は最も賢明な人々の願望すべてよりも優れているから、それを現在におけるよりももっと善くすることは不可能である、と。(4) しかもこのことは、一般的な全体にとってだけそうなのではなく、私たち自身一人一人にとっても、そうなのである。私たちが万物の創作者に対して、建築者つまり私たちの存在の動力因としてばかりでなく、私たちの主、つまり私たちの意志の全目的たるべく、それのみが私たちの幸福をなしえる目的因として、しかるべく結びついているのであれば、そうなのである。(5)（第一三四節末、序文＊四ａｂ、『弁神論』第二七八節、序文＊四ｂ）

（1）パウロ「ローマの信徒への手紙」八・二八。

（2）神の愛については、『形而上学叙説』第四節も参照。

（3）「先行的意志」と「帰結的意志」の区別はトマス（『神学大全』第一部第一九問題第六項）に由来し、ライプニッツが用いる。人間の本性を救われるべきものとして創造した神は、先行的意志によってすべての個々の善を意志し、あらゆる人間が救われることを意志するけれども、全体を見渡し、人間の罪や悪を理由とする帰結的意志によって、神はすべての人間を救うのではない。この区別は、それぞれが善である無数の可能的世界と、最善のものとして選ばれた現実世界との区別にも重なる。『弁神論』第二二―二三、一一九節、「神の大義」第二四節参照。

（4）すべての時間を含んだ宇宙の秩序についてなのであって、進歩や前進がありえないという意味ではない。

（5）『弁神論』第一三四節の終わりに、またパウロの言葉を引用して――「ああ、神の富と知恵と知識のなんと深いことか」（「ローマの信徒への手紙」一一・三三）――神の無限の知恵、神が愛すべきものであることを語る。

理性に基づく自然と恩寵の原理

1　実体とは、作用することのできる存在である。実体は、単純であるか、複合的であるかだ。単純な実体は、部分をもたない実体である。複合的な実体は、単純な実体すなわちモナドの集まりである。モナスというのはギリシア語であり、「一」もしくは「一なるもの」を意味している。(1) 複合的なもの、すなわち物体は、多である。そして単純な実体、生命、魂、精神は、一である。単純な実体は至るところにあるはずだ。なぜなら、単純なものがなければ、複合的なものもありはしないだろうから。したがって、自然全体は生命に満ちている。(2)

2　モナドは部分をもたないから、形成されも解体されもしないだろう。モナドは、自然的には生じることも滅びることもできず、(3) したがって、宇宙と同じだけ持続する。宇宙は変化するが、破壊はされない。モナドは形をもちえない。形をもてば、部分をもつことになってしまう。(4) したがって、一つのモナドがそれ自身においてしかもその瞬間において他のモナドから識別されうるのは、内的性質と内的作用によってでしかない。それらは、そのモナドの表象(言い換えれば、複合的なものすなわち外にあるものの、単純なもののなかでの表現)(5)と欲求(言い換えれば、一つの表象から他の表象へ向かうモナドの傾向)以外のものではありえない。この欲求が変化の原理である。(6) というのも、実体が単純であっても、その同じ実体のなかに一緒に見いだされるはずの変様の多様性が妨げられることはないからだ。そうした変様は、〔実体と〕外にある諸事物との関係がさまざまであることによるにちがいない。ちょうど、中心すなわち点はまったく単純だけれども、そこに集まる線がなす角は無数にあるようなものだ。(7)

3 自然においてはすべてが充実している。至るところに単純な実体があり、実際には固有の作用によって互いに区別され、絶えずその関係を変化させている。そして複合的な実体(たとえば動物)の中心となりその唯一性の原理となっている、単純実体すなわち際立ったモナドの各々は、他の無数のモナドから成る物塊に取り巻かれている。そうした無数のモナドが、中心的モナドの固有の物体〔身体〕を構成し、その物体〔身体〕の変状に従って中心的モナドは、一種の中心におけるように自分の外にある事物を表現する。この物体は有機的であり、一種の自動機械もしくは自然の機械(8)を形づくっていて、全体として機械であるばかりか、認められうる最も小さな部分においても機械になっている。そして、世界の充実性のゆえにすべては結びついていて、各々の物体は距離に応じて多かれ少なかれ他の各々の物体に作用を及ぼし、また反作用によって他の各々の物体から変状を蒙るのだから、各々のモナドは生きた鏡、すなわち内的作用をそなえた鏡、自分の視点に従って宇宙を表現し宇宙そのものと同じく規則立った鏡、ということになる。モナドのなかの表象が、欲求の法則によって、すなわち規則的であれ不規則であれ目につく表象である善と悪との目的因の法則によって、互いに次々に生まれてくるのは、物体の変化や外部の現象が作用因の法則によって、すなわち運動法則によって互いに次々に生まれてくるのと同様である。かくして、モナドの表象と物体の運動とのあいだには完全な調和があり、それは作用因の体系と目的因の体系とのあいだに始めからあらかじめ定められた調和である。魂と物体〔身体〕との一致や自然学的な結合はまさにここに存しており、一方が他方の法則を変えることはできない(9)。

4 各モナドは、特定の物体と一緒に生きた実体をなしている。だから、至るところに肢体や器官と結びついた生命があるだけでなく、諸々のモナドのあいだには生命の無限の段階があって、あるモナドが多かれ少なかれ他のモナドを支配している。しかし、モナドが非常に整った器官をもち、そのために、それを通して器官が受け取る印象のなかや、したがってまたそうした印象を表現する表象のなかに、浮き出たところやはっきり見えるところがある場合には(たとえば、目の体液(眼房水)の形によって光線が集中し、いっそう強い力で作用するときのように)、それは感覚、言い換えれば記憶を伴う表象、すなわちある反響が長く残っていて機会があると聞こえてくる(10)ような表象にまで達することもある。そのような生き物は動物と呼ばれる。その生き物のモナドが魂と呼ばれるように。そしてこの魂は、理性にまで高められると、いっそう高貴なものとなり、精神のうちに数えられる。そのことは後ほど説明しよう。たしかに、動物が時には単なる生き物の状態にあり、その魂が単なるモナドの状態にあることもある。すなわち、その表象が十分はっきりとしていないためにそれを思い出すことができないときだ。たとえば、夢も見ない深い眠りや気絶している際に起こることである。しかし、まったく混乱してしまった表象も、動物のなかではふたたび展開するはずで、その理由は、後ほど第一二節で述べる。かくして、外的な諸事物を表現しているモナドの内的状態である表象と、意識もしくはこの内的状態の反省的認識である意識表象とを区別するのがよい。意識表象は、すべての魂に与えられているわけでもなく、同じ魂につねに与えられているわけでもない。まさにこの区別をしなかったためにデカルト派の人たちは、普通の人々が感覚できない物体を無視してしまうのと同じように、意識されない表象を無視するという過ちを犯してしまった(11)。そのためにまた同じくデカルト派の人たちは、精神だけがモナドであり、動物の魂などは存在せず、ましてその他の生命原理などなおさら無いと考えたのである。しかも彼らは、動物に感覚を認めようとしないことで人々の普通の意見にあまりに反してしまい、また逆に大多数の人々の偏見にあまりに順応して、多くの表象の著しい混濁から来る長い気絶と、すべての表象が止んでしまう厳密な意味での死とを同一視してしまった。これが、魂のなかには破壊されるものもあるという根拠のない説や、私たちの魂の不死性を攻撃してきたいわゆる自由思想家たちの悪しき見解を強化してしまった。

5　動物たちのもつ諸表象のあいだにも結びつきがあり、それは理性とどこか類似している。だが、その結びつきは事実の、もしくは結果の記憶にだけ基づいており、原因の認識には少しも基づいていない。たとえば、犬は自分が打たれたことのある棒を見ると逃げるが、それはその棒が犬に与えた苦痛を、記憶がその犬に思い出させるからである。(12)人間も、経験的であるかぎり、つまりたいていの行動においてだが、動物のように行動しているにすぎない。たとえば、明日も夜が明けるだろうと期待するのは、これまでいつもそうした経験をしてきたからだ。理性によってそれを予期するのは天文学者しかいない。(13)しかもこの予見ですら、昼の原因、永遠なものではないその原因が終わるときが来れば、最後には外れるだろう。しかし、真の推論は、論理学、数、幾何学の真理のような必然的真理もしくは永遠真理に依存しており、それらの真理が、観念間の疑う余地のない連結や誤ることのない推断をつくりあげている。こうした推断をもっていると認められない動物は獣（ただの動物）と呼ばれるが、そうした必然的真理を認識する動物はまさに理性的動物と呼ばれるものであり、(14)その魂は精神と呼ばれる。こうした魂は、反省的な作用を行い、自我、実体、魂、精神と呼ばれるもの、要するに非物質的な事物や真理を考察することができる。これによって私たちは、学知すなわち論証的認識をもつことができるのである。[15]

6　近代の人たちの研究[16]が私たちに教え、理性も認めているが、その器官が知られている生き物、すなわち植物と動物は、古代の人たちが信じていたように腐敗や混沌から生じるのではなく、あらかじめ形成された種子から、したがって先在している生き物の変形から生じる。大きな動物の精子〔種子〕のなかには小さな動物があり、それは受精を通して新しい外皮をまとってそれを自分のものとしつつ、その外皮によって栄養を摂取し成長する手段を与えられて、その結果いっそう大きな舞台へと移り、先の大きな動物を繁殖させる。[17]たしかに、人間の精子的な動物の魂は理性的ではなく、受精によってこれら動物が人間本性をもつと決定されたときに、初めてその魂は理性的になる。[18]ところで動物は一般に受精もしくは発生において新たに完全に生まれるわけではないように、私たちが死と呼んでいるものにおいて動物が完全に死滅するわけでもない。というのも、自然的には生じないものが自然の秩序において滅びることはない、ということは合理的であるからだ。かくして、動物は自分の仮面やぼろぼろの服を脱ぎ捨てて、より微細な舞台に戻るだけであるが、そこでもやはり、より大きな舞台と同様に、動物は感覚をもち十分に規則立っているだろう[19]。大きな動物についていま述べたことは、精子的動物そのものの発生と死においてもまた起こる。言い換えれば、そうした精子的動物は別のもっと小さな精子的動物の成長したものであり、この小さいほうの精子的動物に比べれば前の精子的動物は大きな動物と見なされうる。というのも、自然においてはすべてが無限に至るからだ[20]。かくして、魂だけでなく動物もまた不生不滅である。動物はただ、展開されたり、包蔵されたり、着物を着せられたり、脱がされたり[21]、変形されたりするだけなのだ。魂は決して自分の身体全体から離れてしまうことはなく、一つの身体から別の、自分にとってまったく新しい身体に移ることもない。だから、輪廻はなく、変態がある。動物は部分だけを変え、取り、捨てる[22]。このことは栄養摂取においては、少しずつ、感じられないほど小さな部分を通して、しかし絶えず起こっている。受精や死においては、それが突然、顕著に、しかしごく稀に起こり、それによって動物は多くのものを一度に得たり失ったりする。

7[23]　ここまで私たちはただ自然学者としてだけ論じてきた。これから形而上学へと上らねばならない。その際、一般にはあまり使われていない大原理を用いる。すなわち、何ものも十分な理由がなければ起こらない、言い換えれば、どんなことでも、事物を十分に知る者が、なぜこうなっていて別様ではないのかを決定するのに十分な理由を示すことができない場合には、何も生じない、という原理を使うのである。この原理を認めたうえで当然に問える第一の問いは、何ゆえ無ではなくて、何かが存在するのか、という問いであろう。なぜなら、無のほうが、何かあるものよりも単純で容易だからである[24]。さらに、事物は現実存在しなければならないと仮定したうえで、何ゆえ事物はこのように現実存在しなければならず別の仕方ではいけないのか、という理由を示すことができなければならない[25]。

8　ところで、宇宙の現実存在のこの十分な理由は、偶然的事物の系列、すなわち、物体と、魂における物体の表現の系列のうちには見いだされえないだろう。なぜなら、物質はそれ自体においては運動に対しても静止に対しても無差別であり、ある運動にも他の運動にも無差別であるから、そこに運動の理由を見いだすことはできないし、ましてある特定の運動の理由を見いだすことなどできないからだ。しかも、物質のなかにある現在の運動はその前の運動に起因しており、その前の運動はさらに前の運動に起因しているのだけれども、たとえそうやってどれほど先に行っても、だからといってさらに進んだことになるわけではない。というのも、つねに同じ問題が残っているからだ。そういうわけで、他の理由をもはや必要とはしない十分な理由は、偶然的事物のそうした系列の外に存していなければならず、その系列の原因であるような実体、すなわち、それ自身に自分の現実存在の理由を含んでいる必然的存在である実体の内に、存していなければならない。さもないと、そこで終わりにできる十分な理由をまだ得たことにはならないであろう。そして、諸事物にとってのこの最後の理由は、神と呼ばれるのである[26]。

9　この原初的な単純実体は、その結果である派生的な諸実体のなかに含まれている、諸々の完全性を卓越的に[27]含んでいるにちがいない。かくして、それは完全な力能、完全な認識、完全な意志をもつことになる。すなわち、全能、全知、至高の善性をもつであろう。そして広く一般的な意味にとった正義は、知恵に適った善性に他ならないのだから、神の内には至高の正義もあるにちがいない。神によって事物を現実存在させた理由は、それらの事物が現実存在し作用することにおいてもなお、事物を神に依存させている。事物は、神から絶えず受け取るものによって何らかの完全性を得ることになる。もっとも、事物に残っている不完全なものは、被造物の本質的で根源的な制限に由来している。[28]

10　神の至高の完全性からして、神は宇宙をつくり出すにあたって可能なかぎり最善の計画を選んだということになる。そこには最大の秩序とともに最大の多様性がある計画だ。土地、場所、時間は最も巧みに使われ、最も単純な方途によって最も大きな結果が生み出されている。宇宙が許容しうるかぎりでの最も多くの力能、最も多くの知識、最大の幸福と善性が、被造物のなかにある。というのも、すべての可能的なものは神の知性のなかで、自らの完全性に応じて現実存在を要求しているのだから、これらすべての要求[29]の結果は、可能なかぎり最も完全な現実的世界であるはずだ。そうでなければ、事物が何ゆえ他のようにではなくこうなったのか説明できなくなってしまう。

11　神の至高の知恵は神に、最も整っていて、しかも抽象的すなわち形而上学的な諸理由に最も適した運動法則を、とりわけ選ばせた。そこには、全体的で絶対的な力すなわち作用の同一量と、相対的な力すなわち反作用の同一量と、そして方向的な力の同一量が保存されている[30]。そのうえ、作用はつねに反作用と等しく、結果の全体はつねにその原因の全体と等価である。しかも驚くべきことには、作用因の考察もしくは物質の考察だけでは、現代において発見されてきたこれらの運動法則を、その一部は私自身が発見したものだが(31)、説明することができないだろう。実際私は、目的因に頼らねばならないこと、および、これら運動法則が依存しているのは論理学・算術・幾何学の真理のような必然性の原理ではなく、適合の原理すなわち知恵の選択であることを見いだした。そしてこれは、こうした事柄を深く究明できる人々にとっては、最も有効で最も明白な神の存在証明の一つである。

12　至高の創造者の完全性からはさらに、宇宙全体の秩序が可能なかぎり最も完全であるばかりか、宇宙を自らの視点に従って表現する各々の生きた鏡、すなわち各モナド、各実体的中心も、それが他のすべてのものと相容れるよう最もよく規則づけられた表象と欲求をもつはずだ、ということになる。ここからまた、魂、すなわち最も支配的なモナド、あるいはむしろ動物そのものは、死や、何か他の偶発事によって陥るかもしれないまどろみの状態から、必ず目覚めることができるということになる。

13　実際、すべてが事物において、できるだけ多くの秩序と対応をもって決定的に規則づけられ、至高の知恵と善性は完全な調和をもってのみ働きうる。そこで、現在は未来をはらみ、未来は過去のなかに読み取られ、遠いものは近いもののなかに表出される。もし各々の魂の襞《ひだ》をすべて拡げることができるとすれば、その魂のなかに宇宙の美を認めることができるであろうが、その襞は、時間の経過によってしか人が感知できるほどには展開しない。しかし、魂の判明な表象はどれも、宇宙全体を包蔵する無数の混乱した表象を含んでいるので、判明で際立った表象をもつかぎりでしか、魂自身は自らが表象している事物を認識していない。(32)だから魂は、自らのもつ表象の判明さの程度に応じた完全性をもつのである。各々の魂は無限を認識し、すべてを認識しているが、混乱した仕方で認識している。それはちょうど、海岸を散歩して海の立てる大きな音を聞いているとき、私は、音全体を構成しているそれぞれの波の個々の音を聞いていながら、聞き分けてはいないようなものだ。だが、そういう混乱した表象も、宇宙全体が私たちに与える印象の結果なのである。(33)各々のモナドについても同様である。神だけがすべてのものの判明な認識をもっているのは、神がすべてのものの源泉だからである。神はいわば至るところ中心であり、しかしその円周はどこにもない、(34)ととても巧みな言い方がされてきた。すべてのものは直接神に現前していて、この中心からの距離がない。

14 理性的魂すなわち精神については、モナドや、さらには単なる魂のなかにある以上のものがそこにはある。それは被造物の宇宙の鏡であるだけでなく、神の似姿でもある。精神は神の作品の表象をもつだけでなく、小規模ではあっても神の作品に似たものをつくり出すことさえできる。というのも、私たちは、目覚めているときには見いだすために長いあいだ考えなければならないような事柄を、夢のなかでは難なく（しかもそうしようという気もなく）考え出してしまうものだが、そうした夢の不思議さは言うまでもないとして、私たちの魂は意志的活動においてもなお建築術的だからである。私たちの魂は、神が諸事物を〈重さ・長さ・数などによって〉[35]規定した際に従った学知を発見して、神が大きな世界で行うことを、魂自身の管轄区域のなかで、しかも活動することが自らに許されているその小さな世界のなかで、まねている。

15 そういうわけで、人間であれ精霊であれ、すべての精神は、理性と永遠真理の力によっていわば神との一種の共同〔交流〕関係に入り、神の国、すなわち最も偉大で最も善良な君主が建てて治めている最も完全な国家の構成員なのである。そこでは罰のない罪はなく、善い行いがそれに見合った褒賞を受けないこともなく、できる限り多くの徳と幸福が存している。しかもそれは、神が魂のために用意していることが、物体の法則を乱してしまうかのような仕方で、自然の秩序を混乱させて行われるのではなく、自然の世界と恩寵の世界とのあいだに、建築家としての神と君主としての神とのあいだに、つねにある予定調和の力によって、自然的事物の秩序そのものを通して行われる。その結果、自然そのものが恩寵へと導き、恩寵は自然を用いながら自然を完全なものにしていくのである[36]。

16　かくして、理性は大きな未来の細部を私たちに教えることはできず、それは啓示によるほかないけれども、私たちはその同じ理性によって、事物が私たちの願いにも優る仕方でできているのを確信することができる。神はまた最も完全で最も幸福で、したがって最も愛すべき実体であるので、そして真の純粋な愛とは愛される者の完全性と至福の内に喜びを認めるようになった状態のことなのだから、神がこの愛の対象であるときには、この愛は人が受けうる最大の喜びを私たちに与えてくれるにちがいない[37]。

17　私がいま述べたように神を知るならば、神をしかるべく愛するのは容易である。というのも、神は私たちの外的感覚では感じられないけれども、それでも非常に愛すべきものであり、非常に大きな喜びを与えてくれるものだからだ。名誉は外的感覚に由来する性質の内にはないけれども、それがどれほど人間に喜びを与えるかを、私たちは知っている。殉教者や狂信者は（後者の激情は正常な状態ではないが）、精神の喜びが何をなしうるかを示している。そのうえ、感覚の喜びでさえ、混乱した仕方で認識された知性的喜びに帰するのである。音楽は私たちをとても楽しませるが、音楽の美は数の調和〔一致〕や、音を発する物体の打撃音や振動が一定の間隔をおいて見いだされることの計算の内に存しているのであって、私たちはその計算に気づいてはいないけれども、魂はその計算を行っているのである。眼〔見ること〕が均斉のとれたものに見いだす喜びも、同じ性質のものである。その他の感覚が引き起こす喜びも、私たちはそれをさほどはっきりと説明することはできないであろうが、何か同じようなものに帰するであろう。(38)

18 神への愛は、今からもう私たちに未来の至福の予感を味わわせている、とさえ言える。この愛は利害を離れたものでありながら、愛それ自体が私たちの最大の善と利益を成している。たとえ人がその愛のなかにそうしたものを求めたりしないとしても、また、愛が与える喜びしか考慮せず愛が生み出す有用性を顧みないとしても、である。というのも、この愛が私たちに、私たちの創造者である主なる神の善性に対する完全な信頼の念を与え、その信頼が精神の真の平安を生み出すからである。それは、無理して忍耐することに決めたストア派の人たちにおけるような平安ではなく、現在の満足による平安であり、そうした満足はさらに未来の幸福をさえ私たちに確信させる。(39) 現在の喜びを別にすれば、将来にとって神への愛より有益なものは何もないであろう。神への愛はまた私たちの希望を満たし、至高の幸福に向かう道へと私たちを導いてくれるからだ。なぜなら、宇宙のなかに確立された完全な秩序のおかげで、一般的な善にとっても、その善を確信して神の統治術に満足している人たちの最大の個別的な善にとっても、すべてができるかぎりよくできているからである。すべての善の源泉を愛する術《すべ》を心得ている人たちにおいては、間違いなくそうなっている。(40) たしかに、至高の幸福が(たとえそれがどんな至福直観すなわち神の認識を伴っていても)充たされることは決してありえないだろう。なぜなら、神は無限であるので、その神を完全に認識することはできないからだ。だから、私たちの幸福は完全な享楽〔享受〕のなかには決してないであろうし、またそうなってはならない。もしそうなればもう何も望むものがなくなってしまい、私たちの精神は愚鈍になってしまう。そうではなく、私たちの幸福は新たな喜びと新たな完全性へと永遠に続く前進の内にある。(41)

実体の本性と実体間の交渉ならびに魂と身体のあいだにある結合についての新説

1　何年か前に私はこの説を着想し、それについて学識ある人たち、とりわけ現代の最も優れた神学者にして哲学者の一人(1)と意見を交わした。その人は、私の見解のいくつかをある高貴な方を通して知っていたのだが、そこにひどく背理があるとしていた。しかし、私の釈明を受け取ると彼は、このうえなく寛大かつ模範的なやり方で前言を取り消し、私の命題の一部を認めてくれたうえに、まだ同意していない他の命題に対しても批難するのを止めてくれた。このとき以来、私は機会あるごとに省察を続け、よく吟味した見解だけを公にしてきた。また、この論考と関係のある私の力学の試論(2)に対して提起された反論にも、十分応えるように努めてきた。

その後しばらくして、重要な人たちから私の見解をもっと明らかにしてほしいと望まれたので、私は思いきってこの省察を発表することにした。ただ、それは決して通俗的ではなく、どんな人の好みにも合っているわけではない。私が発表しようと思い至ったのは、主として、こうした問題に精通している人たちの判断から益を得んためである。というのも、私に教示してくれそうな人を一人一人探して頼むのはあまりに厄介なことだからだ。その教えが先入観に執着しておらず、真理への愛がそこに現れてさえいるなら、私はそうした教えをいつでも喜んで受け入れよう。

2　私は数学を大いに研究してきた者の一人だが、哲学についても若い頃から省察を続けてきた。哲学においても明晰な論証によって何かしっかりしたものを確立することができる、とつねに私には思われたからである。私はスコラ学の領域にかなり深く入り込んでいたことがあるが、数学と近代の著者たちがまだ若かった私をそこから抜け出させてくれた。自然を機械的に説明する彼らの見事なやり方が私を魅了した。何もそこから学べない形式とか能力とかだけを用いる人たちの方法を私が軽蔑したのも、正当な理由があってのことだ。しかし、その後、経験によって認識される自然の諸法則を説明するために機械学〔静力学〕の原理そのものを深く究明しようと努めた結果、延長する〔拡がりある〕物塊の考察だけでは不十分であって、さらに、力という概念も用いなければならないことに私は気づいた。力は形而上学の領域に属するものではあるが、[3] 十分理解しうるものである。また、動物を単なる機械に変えてその地位を貶《おとし》めてしまうような人たち[4]の意見は、可能なようにも見えるが、真実らしさのない議論であり、事物の秩序に反してさえいるように私には思われる。

3　初めアリストテレスの軛《くびき》から脱したとき、私は思わず空虚と原子へと気持ちが傾いた。それらが最もよく構想力を満足させたからだ。しかし、立ち戻ってじっくり考えた後、私は、真の〔統〕一性の原理を物質のなかにだけ、すなわち受動的でしかないもののなかにだけ、見いだすことは不可能だと気づいた。というのも、そこではすべてがどこまでも際限なく諸部分の集合もしくは堆積でしかないからである。ところで、多なるものはその実在性を真の一性からしか得られない。真の一性は〔物質とは〕別のところに由来するが、それは数学的点とはまったく別のものである。数学的点は延長するもの〔延長体〕の端にすぎず、様態にすぎないから、数学的点から連続体を合成できないことは確かである。それゆえ、そうした実在的一性を見いだすために、私はいわば実在的で生きた点、すなわち実体の原子に頼らざるをえなかった。そこには、完全な存在をつくるための何か形相的なもの、すなわち能動的なものが包蔵されているはずである。だから、今日あれほど不評を買っている実体的形相をよみがえらせ、いわば復権させる必要があった。ただし、そうした実体的形相を理解できるものにし、その本来なすべき使用をこれまで行われてきた誤用から分離する必要があった。すると、私は、実体的形相の本性は力にあり、ここから感覚や欲求に何か類比的なものが帰結し、だから実体的形相は私たちが魂についてもっている概念に倣って理解しなければならない、ということがわかった。しかし、動物の身体の構造の細部を説明するために魂を用いてはならないのと同様に、そうした形相を、それがたとえ真の一般的原理を確立するのに必要ではあっても、自然の個々の問題を説明するのに用いてはならない、と私は判断した。アリストテレスはそれを第一エンテレケイアと呼んでいるが、(6)私は、おそらくもっと理解しやすいように、原初的力と呼ぶ。そこには、実現作用ないしは可能性の充足だけでなく、根源的な活動性も含まれている。

4　私には、これらの形相や魂は私たちの精神と同様に不可分であるにちがいないということがわかった。実際、私の記憶では、これが動物の魂に関する聖トマスの見解であった(7)。しかしこの真理は、魂と形相の起源と持続に関する大きな困難を改めて呼び覚ました。というのも、真の一性をそなえたどんな単純実体も、奇蹟によってしか生じることも滅することもできない以上、そうした魂は創造によってのみ発生し、絶滅によってのみ死滅するということになるからである。かくして私は、(神がなおことさらに創造しようと欲している魂を除けば)実体を構成している形相は世界とともに創造され、いつまでも存続しているはずだ、と認めざるをえなかった。アルベルトゥス・マグヌスやジョン・ベーコン(8)のような幾人かのスコラ学者もまた、そうした形相の起源に関する真理の一面を垣間見ていた。こうした考え方が並外れていると思ってはならない。ガッサンディ派が彼らの原子に付与している持続を、形相に与えるだけのことだからだ(9)。

5　だが、私は、精神すなわち理性的魂を、他の形相や魂と無差別に結びつけて混同してはならないと判断した。精神はより高尚な次元のものである。私の考えでは至るところに見いだされる、物質のなかに深く入り込んだ形相よりも、精神は比較できないほど大きな完全性を有している。そうした形相に比べて、精神は神の姿に似せてつくられた小さな神々のようなものであって、それ自身のなかに何か神性の光の微光をもっている。こういうわけで、神は精神を、君主が臣民を支配するように、さらには父が子の世話をするように支配するのである。ところが、神は他の諸実体に対しては、技師が機械を扱うように対処する。かくして、精神は特別な法則をもっており、この法則によって精神は、神が精神に与えた秩序そのものを通して、物質の転変を超えたところに置かれている。精神以外のあらゆるものは、もっぱら精神のためにつくられていて、物質のそうした転変そのものが善人の幸福と悪人の懲罰に適合するようになっている[10]、と言える。

6 けれども、普通の形相、すなわち動物的魂[11]に立ち戻って考えると、これまで原子に認められてきた持続に代わって、そうした形相に持続を認めなければならなくなるため、形相ないし魂が物体から物体へと移っていくのではないかという疑念を生む。これは輪廻ということになり、幾人かの哲学者が信じた運動の伝達や形質[12]の伝達とほぼ同じことになる。しかし、こうした想像物は事物の本性からはかけ離れたものだ。そのような移行は存在しない。まさにこの点で、現代の最も優れた観察者であるスワンメルダム、マルピーギ、レーウェンフック諸氏[13]のいう変形は私の助けとなった。そのおかげで私は、動物および他のあらゆる有機的実体は、それが生じたと私たちが考えるときに生じるのではなく、その見かけの発生は展開にすぎず、一種の増大であることを、さらに容易に認めることができた。私はまた、『真理の探究』の著者、レジス氏、ハルトスケル氏、(14) およびその他の学識ある人たちも、この意見からひどく離れているわけではないことに気づいた。

7　しかし、そうした魂もしくは形相が動物の死によって、すなわち有機的実体である個体の破壊によってどうなるのか、という最大の問題がまだ残っていた。これは、最も困惑させる問題である。というのもとりわけ、魂が混乱した物質の混沌のなかに無益にとどまっているなどということは、あまり合理的とは思われないからだ。ここから私はついに、取るべき合理的な立場はただ一つしかないと思い至った。それは、魂だけが保存されるのではなく、動物そのもの、およびその有機的機械〔身体器官〕も保存されるという立場である。もっとも、大きく粗い部分が破壊されると動物は小さなものになってしまい、それが生まれる前に小さかったときと同様に、私たちの感覚では捉えられない。だから、死滅の本当の時間を正しく特定できる人はいない。死は長いあいだ、気づかれる働きの単なる中断と見なされており、じっさい単なる動物において死はこれ以外のことではない。その証拠に、溺れた蠅《はえ》をチョークの粉の下に埋めておくと蘇生する例があり、他にも蘇生があることを十分に示す、類似した例がいくつもある。人間が機械〔身体器官〕を修理できるようになれば、さらに進んだ蘇生の例も出てくるだろう。まさにこれに類似したことを、偉大なデモクリトスは、彼は完全な原子論者であったとはいえ、論じていたようである。もっとも、プリニウスはデモクリトスを嘲笑することになるのだが。(15) したがって、動物は、(深い洞察力をもった人たちが認め始めているように)これまでずっと生きた有機体であったのだから、これからもずっとそうあり続けることが自然である。かくして、動物には最初の誕生も、まったく新しい発生もないのだから、終局的な消滅も、厳密な形而上学的意味での完全な死滅もないということになる。したがって、魂の転生などはなく、同一の動物の変形だけがあるということになる。その変形は、動物の諸器官が違った仕方で畳み込まれていたり、より多くあるいはより少なく展開していたりすることに応じて行われるのである。

8　だが、理性的魂はより高次の法則に従っており、精神の共同体の市民としての資格を失わせるようなことすべてを免れている。神がきわめてよく配慮されたので、物質のいかなる変化によっても、理性的魂からその人格の道徳的性質が失われることはない。すべては、宇宙全般の完全性に向かっているだけでなく、これら被造物一つ一つの完全性にも向かっている、と言える。この被造物は非常に高い程度の幸福を受けるように定められているので、宇宙も神の善意によって、その幸福に与《あずか》っている。神の善意は、至高の知恵が許すかぎり各々に伝えられる。

9　動物やその他の物体的実体の通常の身体[16]については、それは完全に消滅してしまい、その変化は道徳的法則よりも機械的規則に依存しているとこれまでは思われてきた。だが私は、ヒポクラテス作とされている『養生法について』[17]という書物の古代の著者が、動物は誕生もしないし死にもしない、発生や死滅と思われているものは単に現れたり隠れたりしているだけである、と明白な言葉で述べて真理の一面を垣間見ていたことに気づき、うれしく思った。これは、アリストテレスによれば[18]、パルメニデスやメリッソスの意見でもあった。何しろこうした古代の人たちは、現在思われているよりもしっかりしていたのである。

10　私は、近代の人たちの価値を、誰にもまして認めるつもりである。しかしながら、彼らは改革をあまりに進めすぎており、なかでも自然の事物と人工の事物を混同してしまって、自然の偉大さについて十分重要な観念をもたなかったと思う。自然の機械と私たちの機械とのあいだにある差異は、大と小の差異にすぎない、と彼らは考えている。そのために、ある非常に学識ある人が最近、自然は近くで注意深く眺めると、これまで思われていたほど驚嘆すべきものではないことがわかるし、それは職人の仕事場のようなものでしかない、と言うに至った。(19) これでは、自然についての十分に正しい観念も、十分に相応しい観念も与えられないと私は思う。神の知恵による最も取るに足らない作品や機械的仕組みと、有限な精神のわざによる最大傑作とのあいだに結局、真の計り知れない距離があることを知らしめるのは、私たちの説だけである。その差異は、単に程度の差異だけではなく、類そのものの差異でもある。それゆえ自然の機械は、真に無限数の器官をもち、揺るぎなく、どんな偶発事にもよく備えるので破壊できない、ということを知らなければならない。自然の機械は、その最も小さな部分においてさえやはり機械となっている。(20) それに加えて、そうした機械はつねに、かつてそうであったのと同じ機械であり続ける。それは、その機械が受け取るさまざまな襞《ひだ》によって変形し、あるときは拡がりまたあるときは縮むだけであり、消滅したと思われるときでも、いわば凝縮集中しているにすぎない。

11　さらには、魂もしくは形相によって、私たちのなかの自我と呼ばれるものに呼応する真の〔統〕一性が存在する。こうした一性は、人のわざによる機械のなかや、たとえどれほど有機的に組織化されていても、物質の単なる塊のなかにはありえない。そうした塊は、軍隊や羊の群れ、あるいは魚のいっぱいいる池、あるいはバネや歯車でできた時計のようなものとしてしか考えられない。だが、真の実体的一性がないとすれば、集合のなかには実体的なものも実在的なものもないことになる。そのためにコルドモア氏[21]は、真の一性を見いだすためにはデカルトを見限って、デモクリトスの原子の説を採らざるをえなかった。しかし、物質の原子は、道理に反している。しかもそれはやはり諸部分から合成されている。一つの部分がきわめて緊密に他の部分に結合していても(このことを合理的に考えること、または想定することができるとしても)、それによって原子の多様性を損なうことにはならないからだ。実体の原子、すなわち部分を全然もたない実在的一性だけが、作用の源泉であり、事物の合成の絶対的第一原理であり、いわば、実体的事物の分析の究極的要素である。これは、形而上学的点と呼ぶことができよう。それは、何か生命的なところと、一種の表象を有している。数学的点は、形而上学的点が宇宙を表出するための視点である。だが、物体的実体が収縮しているときは、そのすべての器官は一緒になって、私たちから見るとただ一つの物理的点となる。かくして、物理的点は、見かけのうえでのみ不可分であるにすぎない。数学的点は厳密ではあるが、様相にすぎない。厳密でしかも実在的であるのは、形而上学的点、すなわち（形相ないし魂によって構成されている）実体の点だけである。(22)この点がなければ、実在的なものは何もないことになってしまう。真の一性がなければ、多数性もないことになるからである。

12 これらのことを確立してから、私は港に入ったつもりでいたが、魂と身体〔物体〕の結合について省察し始めたとき、私は大海の只中にまた投げ出されたようであった。というのも、身体〔物体〕はいかにして魂に何かを生じさせるのか、あるいはその逆に魂はいかにして身体〔物体〕に何かを生じさせるのかということも、また、ある実体はいかにして他の被造的実体と交渉しうるのかということも、説明する方策がまったく見いだせなかったからだ。デカルト氏は、彼の著作から知られるかぎり、(23)これについては勝負を投げてしまった。しかし、彼の信奉者たちは、一般に受け入れられている見解が不可解であると見て取ると、私たちが物体の性質を感じるのは、神が物質の運動を機会として、魂のなかに思考を生じさせるからだ、と考えた。また逆に、私たちの魂が身体を動かしたいと思うときにも、神こそが魂のために身体を動かしている、と考えた。しかも、運動の伝達も不可解だと彼らには思われたので、一方の物体の運動を機会として、神が他方の物体に運動を与えるのだと思った。これが、彼らが[24]機会原因説と呼んでいるもので、『真理の探究』の著者の見事な考察によって大きな流行となった。

13　何がありえないかを語ることで、人々は困難を深く洞察してきたことは認めなければならない。しかし、何が実際に起こるのかを説明することで、その困難が取り除かれたとは思われない。たしかに、形而上学的厳密さをもって言えば、一つの被造的実体から他の被造的実体への実在的影響はなく、すべての事物はそれ自身のあらゆる実在性とともに、神の力によって連続的に生み出されている。しかし、問題を解決するためには、一般的原因を用いて、いわゆる〈機械仕掛けの神〉を呼び出すだけでは不十分である。というのも、そんなことをしても、二次的な原因の秩序から引き出すことのできる他の説明がなければ、それはまさに奇蹟に頼ることだからだ。(25) 哲学においては理由を与えて説明するよう努めなければならない。それは、どのようにして事物が、神の叡智によって、問題になっている事柄の概念に適合しつつ成し遂げられるかを示すことによってである。

14 したがって、魂もしくは何か他の真の実体が外から何かを受け取ることは、全能の神からの場合を除いて不可能であると認めざるをえないので、私は徐々に一つの見解を抱くようになった。それは不意に私に現れたのだが、避けられないものに思われる。実際、それは非常に大きな利点とたいへん注目すべき美しさをもっている。つまり、神が始めに魂とその他のあらゆる実在的一性を創造したが、その際神は、魂にとってはすべてのことが、その魂自身から見れば完全な自発性によって自身の内奥から生じながら、しかも外の事物と完全な適合性を必ず保つことになっているようにしたと言わなければならない、という見解である。かくして、私たちの内的感覚(すなわち、魂そのものの内にあり、脳や身体の微細な部分の内にあるのではない感覚)は、外的存在に伴って起こる現象にすぎず、あるいはむしろ真なる現れであり十分に規則立った夢のようなものなのだから、魂そのもののなかのこうした内的表象は、魂自身の根源的な構成によって、すなわち(魂の外の存在を自分の器官に応じて表出することのできる）表現的本性によって、魂に生じるのでなければならない。この表現的本性とは、その創造のときから魂に与えられていて、その個体的特質を成している。このために、こうした実体の各々は、自分自身の仕方で一定の視点に従って宇宙全体を正確に表現し、外的事物の表象もしくは表出も、魂自身の法則によってちょうど折よく魂において生じる。それはいわばそれぞれの魂に別々の世界で生じているかのようであり、（きわめて崇高な精神をもち、その敬虔さで名高いある人物(26)が用いた語り方を借りれば）あたかも神とその魂以外、何も存在しないかのようである。だから、すべての実体のあいだには完全な一致があることになり、この一致のために、大多数の普通の哲学者が考えている形質や性質の伝達によって(27)、仮に実体が相互に交渉しあっているような場合に認められるだろうものと同じ結果になる。さらに、魂の視点がそのなかに存している有機的な物塊は、魂によって〔他の物体よりも〕いっそう身近に表出されており、しかも逆に魂が欲するときには物体的機械〔身体器官〕の法則に従っていつでも自ら働くことができるが、一方が他方の法則を乱すことはない。〔動物〕精気(28)と血液もまさにこのとき、魂の情念〔受動〕と表象に応じるためそれらに必要な運動を生じさせる。宇宙の各実体のなかであらかじめ規制されているこの相互関係こそが、実体間の交渉と私たちが呼んでいるものを生じさせ、何にもまして魂と身体との結合をもたらすのである。ここから、魂が、これ以上のものが考えられないほど直接に現前して、身体の内に座を占めていることが理解できる。魂が身体の内にあるのは、諸単位〔一性〕の結果である多〔多数性〕の内に単位〔一性〕があるようなものだからである。

15 この仮説は大いに可能である。実際、神が始めに実体に次のような本性ないし内的な力を——つまり、その実体に起こるすべてのことを、すなわちその実体がもつことになるすべての現れや表出を、しかもどんな被造物の助けもなく、（精神的もしくは形相的な自動機械、だが理性を分有している実体の場合は、自由な自動機械におけるように）順を追ってその実体に対して産出できる本性ないし内的な力を——与ええないということがあろうか。実体の本性は展開や変化を必然的に要求し、本質的にそれを内蔵し、展開や変化がなければ作用する力をもたなくなるから、なおさらそうなのである。しかも、魂のこうした本性とは、宇宙を（判明さの程度に多い少ないの差はあるにしても）きわめて正確な仕方で表現することなのだから、魂がそれ自身に生み出す表現の系列は、宇宙そのものの変化の系列に自然的に対応するであろう。また逆に物体も、魂が外に対して作用しているように考えられる場合には、魂に適合するようになっていたのである。このことは、身体〔物体〕が、神と一緒の共同体〔交流〕に入って神の栄光を讃えることができる精神のためにのみつくられているだけに、いっそう合理的である。かくして、この一致の仮説の可能性がわかればすぐに、この仮説が最も合理的であり、しかもそれは宇宙の調和と神の作品の完全性についてのすばらしい観念を与えてくれるということもわかる。(29)

16　そこにはまた、こういう大きな利点がある。多くの聡明な人たち(30)は、私たちが自由であるのはもっぱら見かけだけであり、実践的活動にとって十分な程度にすぎない、と考えていたが、そうではなくて、むしろ、私たちが引きずられているのは見かけだけであり、厳密な形而上学的表現を使えば、私たちは他のあらゆる被造物の影響作用に対しては完全に独立している、と言わなければならない。これによってまた、私たちの魂の不死性も、私たちの個体的存在のつねに一様な保存も明らかにする、驚くべき光が投じられることになる。それとは反対のどんな見かけがあっても、個体のそうした保存はそれ自身の本性によって完全に規制されており、外部のあらゆる偶発事から守られている。私たちの高貴な地位をこれ以上に明らかにしてくれる説はこれまでなかった。どんな精神もそれぞれ別々の世界のようなもので、それ自身で十分であり、他のあらゆる被造物から独立していて、無限を包蔵し、宇宙を表出しているのであり、精神は、被造物から成る宇宙そのものと同様に持続し、存続し、かつ絶対的である。したがって、すべての精神が神の国において道徳的に結びついているという、すべての精神から成る社会の完全性に寄与するのに最も相応しい仕方での役割を、精神はつねに演じなければならないと考えるべきである。ここには、驚くほどの明晰さをもった、神の新しい存在証明(31)も見られる。というのも、一緒になって交渉することがないこれほど多くの実体の完全な一致は、共通の原因からしか生じえないからである。

17 これらのすべての利点は、この仮説を推奨に値するものとしているが、それに加えて、これは何か仮説以上のものであると言うことができる。他の仕方で理解できるように諸事物を説明することは可能とは思われないし、これまで人々の精神を悩ましてきた多くの大きな困難も、この説を正しく理解したときには自ずと消え去るように思われるからだ。通常の語り方もこれまでどおり非常にうまく維持される。というのも、実体の態勢がその変化を理解できるように説明し、その結果、他の諸実体は神の決定の順序に従って始めからこの点でまさにその実体に適合してきたと判断できるとき、その実体はその変化において、結果的に他の実体に作用するものと考えるべき実体である、と言えるからだ。だから、実体が他の実体に作用するということは、大多数の人たちが考えているような存在物の放出でも移植でもないのであって、私が先ほど述べた仕方によってしか、それを合理的に捉えることはできないであろう。たしかに、物質においては部分の放出や受容ということを非常によく理解できるし、これによって自然学〔物理学〕のあらゆる現象を機械的に正しく説明することができる。しかし、物質的な塊は実体ではないので、実体そのものに関する作用が私が先ほど述べたものでしかありえないことは明白である。

18　これらの考察は、どれほど形而上学的に見えたとしても、運動法則を確立するために自然学〔物理学〕でもやはり驚くほど役立っており、このことは私たちの『力学』[32]が示しているとおりである。実際、物体の衝突においてそれぞれの物体は、すでにその物体のなかにある運動によって引き起こされるそれ自身の弾性力を通してしか〔衝突の〕作用を蒙らない、と言えるからだ。絶対的運動について言えば、何も絶対的運動を数学的に決定することなどできない。すべては結局、関係に帰するからである。このため、天文学におけるように、仮説の完全な等価性がつねにあることになる。(33) その結果、物体をいくつ取っても、そのうちの好きに選んだ物体に静止を割り当てることも、ある速度を割り当てることも任意にできるのであって、このことは直線運動や円運動や複合運動の現象によって反証されることもない。しかしながら、現象を最もよく理解できるように説明する仮定に従って、物体に真の運動を帰属させるのが合理的である。こうした規定は、私たちがいま確立した作用の概念にも合致している。

付　録

物体と原動力の本性について（抄訳）（一七〇二年五月）
ゾフィー宛書簡（一六九六年一一月四日）
ゾフィー・シャルロッテ宛書簡（一七〇四年五月八日）
生命の原理と形成的自然についての考察、
　予定調和の説の著者による（一七〇五年五月）
コスト宛書簡（一七〇七年一二月一九日）
ブルゲ宛書簡（一七一四年一二月）
ダンジクール宛書簡（一七一六年九月一一日）

物体と原動力の本性について（抄訳）

一七〇二年五月(1)

1　私は、デカルト哲学を反駁する書物を、たしかにこれまで何一つ刊行してはこなかったものの、あちこちで、〔つまり〕『ライプツィヒ学術紀要』およびフランスやオランダの雑誌に、私が掲載した概略が見いだされる(2)。それらによって、私はデカルト哲学と意見が異なることを示しておいた。だが、とりわけ（他のことは今は言わずにおくが）、私が反対意見をもたなければならなかったのは、物体の本性と物体に内在する原動力の本性についてであった。たしかにデカルト派は物体の本質を延長〔拡がり〕だけに置いている。私は、いかなる空虚も認めない点では、アリストテレスやデカルトと同意見であり、デモクリトスやガッサンディ(3)には反対である。また、どんな稀薄化や濃密化も外見にすぎないと見なしている点では、デモクリトスやデカルトと同意見であり、アリストテレスには反対である。だが、物体には延長〔拡がり〕以外に、何か受動的なものが存在する、つまり、それによって物体が〔物体内への〕貫入に抵抗しているものがあると考えている点で、私はデモクリトスやアリストテレスと同意見であり、デカルトには反対である。それに加えて、物体のなかに何か能動的な力、すなわち〈エンテレケイア〉があると認めている点で、(4)私はプラトンやアリストテレスと同意見であり、デモクリトスやデカルトには反対である。したがって、アリストテレスは正当にも、自然を運動と静止の原理と定義したと私には思われる。それは、どんな物体も、すでに動いているのでなければ、それ自身によって動くとか、重さのような何らかの性質によって衝き動かされる、と私が考えているからではない。むしろ、あらゆる物体はつねに原動力をもっている、しかも、事物のまさに始まりから植え付けられた、現実的な内在する運動をもっている、と考えているからだ。だが、原動的な力能の行使〔働き〕と諸物体の現象は、つねに機械的に解明できるとする点で、私はデモクリトスとデカルトに同意して、大多数のスコラ学者(5)には反対である。ただし、運動法則の原因そのものを除いてである。運動法則の原因は、より高次の原理、すなわちエンテレケイアから発するのであって、受動的な物塊とその変様のみからは派生しえない。

2 しかし、私の見解がよりよく理解され、さらに、そのための諸々の理由が少なからず明らかになるように、私はまず、物体の本性は延長〔拡がり〕のみにあるのではないと考える。というのも、延長の概念を解明することによって、私は次の点に気づいたからである。すなわち、延長は、延長していなければならない何か〔あるもの〕に関連し、そうした延長はある本性の拡散ないし反復を意味するということだ。実際、あらゆる反復(すなわち、同じものの多数性〔集まり〕)は、離散的か、連続的かである。離散的な反復は、〔一つ一つ〕数えられる事物の場合のように、集合体の諸部分が区別される。連続的な反復では、諸部分は無限定であり、部分は無数の仕方で想定されうる。さらに、連続的なもの〔連続体〕には二種類があり、一方は時間や運動のように継起的なもので、他方は同時的、すなわち、空間や物体のように共存する諸部分から成る。そして、たしかに私たちは、時間において、時間それ自身のなかで起こりうる諸変化の順序そのものや、変化の系列以外の何ものも知覚しないし、それと同様に、空間において、物体の可能的な配置以外の何ものも理解しない(6)。したがって、空間が延長する〔拡がりある〕と言われるとき、私たちはそれを、時間が持続する、数が数えられる、と言われるときと同じように理解する。たしかに実際、時間は持続に、空間は延長〔拡がり〕に、何も付け加えない。だが時間に諸々の継起的な変化が内在するように、物体の内には同時的に拡散されうるさまざまなものがある。というのも、持続が継起的な反復であるように、延長〔拡がり〕は同時的・連続的な反復であるのだから。ここから、たとえば、金のなかで可延性や特有の重さや黄色が拡散し、乳のなかで白さが拡散し、物体一般のなかで抵抗、すなわち不可入性が拡散するように、同じ本性が多くのものを通して同時に拡散するたびに、延長が場所を占めると言われることになる。もっとも、次の違いは認めなければならないが。すなわち、色、重さ、可延性や、外見上でのみ同質的な同様のもののそうした連続的拡散は単に見かけにすぎず、〔物体の〕どれほど小さい部分でも場所を占めてはいないこと、したがって、厳格に吟味する者から見れば、物質を通して拡散する抵抗の拡がり〔延長〕だけが、この〔延長という〕名前を保持している、ということである。だが、ここから明らかなのは、延長〔拡がり〕が、ある絶対的な述語ではなく、延長するもの、すなわち拡散するものに関連し、さらに、数が数えられるものから引き離されえないのと同様に、延長は、拡散することになるものの本性から引き離されえない、ということである。したがって、延長を、あたかも物体におけるある絶対的で原初的な属性、定義できず、それどころか〈言い表しがたい〉属性のように見なしてきた人たちは、分析の不足によって過ちを犯したのであり、実のところ彼らは、他ではひどく軽蔑している隠れた性質へと逃げ込んだのである。あたかも延長が、何か説明できないものであるかのように。

3　さて、次に問われるのは、物体をその拡散によって構成している他の本性が何であるかということだ。たしかに、抵抗の拡散によって物質は構成されている、と私たちはすでに述べた。しかし、私たちの意見では、物体のなかには物質〔質料〕とは別の、何かあるものが存在しているのだから、その本性が何から成っているのかが問われることになる。したがって私たちは、その本性は〈デュナミコン〉〔何か力動的なもの〕すなわち変化と持続の内在的原理、これ以外のものから成っていることはありえないと主張する。〔後略〕

4　さらに、〈デュナミコン〉〔力動的なもの〕、すなわち力能〔潜勢力〕は、物体において二重であり、受動的なものと能動的なものとがある。正確に言えば、受動的な力は物質〔質料〕すなわち物塊を、能動的な力は〈エンテレケイア〉すなわち形相を構成している。受動的な力は抵抗そのものであり、これによって物体は〔自己への〕貫入だけでなく運動にも抵抗している。この抵抗の結果、その物体自身がその場所から退くのでなければ、他の物体がその代わりにその場所へ進むことはできず、他方で、その物体自身は、〔自らを〕押しやるものの運動を多少とも遅らせることなしには、その場所を退くこともない、ということになる。そして物体は、自発的にそこから離れようとしないだけでなく、変化させるものに対して反抗しさえするかのように、前の状態に固執しようと努力する。したがって、〔物体には〕抵抗すなわち質量〔物塊〕に、次の二つが存在している。最初に、アンティテュピアもしくは不可入性と呼ばれるもの、次いで、抵抗もしくはケプラーが物体の自然的慣性と呼ぶものである。後者については、デカルトも書簡のある箇所で認め[7]、その理由は、明らかに物体は、新しい運動をただ力を通してのみ受け取り、さらに自分を押しやるものに抵抗してその力を減殺しているからである。〔後略〕

5　能動的な力は、よくこれは〔能動的をつけずに〕単独でも力と呼ばれてきているが、スコラ派の言う、ありふれた単なる力能すなわち作用の受容性と考えてはならない。むしろこの能動的力は、傾動〔コナトゥス〕すなわち作用への傾向性を包蔵しており、それゆえ、他の何かが妨げることがなければ、その作用が結果として生じるのである。そして、まさにここに〈エンテレケイア〉が存しており、スコラ派はそれを不十分に理解していた。というのも、そうした力能〔潜勢力〕は、作用を包蔵しており、ただの能力にとどまるわけではないからだ。ただし、それは自分の向かっている作用にいつも完全に達するわけではない。つまり、障碍《しょうがい》となるものが立ちはだかる場合である。さらに、能動的力は、原初的力と派生的力との二重になっている、すなわち、実体的であるか、もしくは偶有的である。原初的な能動的力は、アリストテレスが〈第一エンテレケイア〉と呼び、一般には実体的形相と呼ばれているものだが、物質〔質料〕すなわち受動的力とともに物体的実体を完成する〔二つの〕自然的原理のうちの一方である。明らかに物体的実体は、それ自身による一なるものであって、多くの実体の単なる集まりではない。というのも、たとえば、一匹の動物と群れのあいだには大きな差異があるからだ。そしてさらに、このエンテレケイアは魂であるか、もしくは何か魂に類比的なものであって、つねにある有機的身体を自然的な仕方で実現している。有機的身体それ自身を別個に捉えれば、すなわち魂が取り去られるか分離されれば、それは一つの実体ではなく多くの実体の集まりであり、要するに、自然の機械である。

6　〔略〕

7　派生的力は、ある人たちがインペトゥス(8)と呼ぶものであり、傾動（コナトゥス）、すなわち、ある決定された運動に向かう傾向である。この運動によって、原初的力、すなわち作用の原理が様態化される〔変様して現れる〕。私がすでに示したことだが、(9) この派生的力は、同じ物体において同一〔量〕として保存されてさえいない。だがやはり、それが多くのもの〔物体〕に分配されるのに従って、派生的力は総体において同一〔量〕として存続するのであり、その量が保存されない運動そのものとは異なっている。そして、この派生的力は、物体が衝撃から受け取る刻印〔圧迫〕そのものであり、この衝撃のおかげで投射体は運動を続け、新たな衝撃を必要とはしない。これは、ガッサンディも、舟の上で行われた精緻な実験で明らかにしたことである。だから、ある人たちが、投射体は空気から運動の連続を保持すると考えているのは正しくない。(10) さらに、派生的力が〔現実の〕作用と異なっているのは、瞬間的なものが継起的なものと異なっているのと同様である。すなわち、力はすでに最初の瞬間に存在しているが、作用は時間の経過を必要とする。それゆえ作用は、力が時間のなかにもたらしたもの〔力と時間の積〕として生じる。この積は物体のあらゆる部分において把握される。だから作用は、物体〔の大きさ〕、時間、そして力すなわち潜勢力の複比に比例しているのである。もっとも、デカルト派にとっての運動量は、速さと物体〔の大きさ〕の積だけによって算定されているけれども。そして、力は速さとは大きく異なる振る舞いをする、とまもなく述べる。

8 ところで、多くの事物が能動的力を物体のなかに置くよう私たちに強く仕向けており、とりわけ経験そのものが、運動が物質の内にあることを示している。運動は、始まりにおいては事物の一般的原因、すなわち神に帰されねばならないとしても、だが直接的そして個別的には、神が事物の内へ据えた力に帰されるべきである。〔中略〕さらに、派生的力も作用も、様相的なものであると見なされねばならない。そうした力は変化を蒙るからである。しかるに、すべての様相は、持続している、すなわちより絶対的であるものの、何らかの様態化を通して成立している。そして、ちょうど形が、受動的力、すなわち延長する物塊の何らかの限定ないし様態化であるように、派生的力と原動作用もまた、どんな場合でも単に受動的なものの様態化ではなく(そうでなければ、様態化すなわち限定のほうが、限定されるもの自身よりも多くの実在性を包蔵してしまうだろう)、むしろ何か能動的なもの、すなわち第一エンテレケイアの様態化なのである。したがって、派生的で、偶有的あるいは可変的な力は、本質的でありしかも各々の物体的実体において存続している原初的潜勢力の、ある種の様態化であることになろう。それゆえ、デカルト派は、物体のなかに能動的かつ実体的で、様態化可能な原理を認めなかったため、物体自身からすべての作用を剝奪し、それを独り神だけへと移し替えざるをえなかったが、それは機械仕掛けによって引き出されたこじつけであり、哲学的なものではない。

9　ところで、原初的力は、派生的力を通して諸物体の衝突において変動する。原初的力の行使が内部へ向かうか、外部へ向かうかに従ってである。というのも、実際にはすべての物体は内的運動を有しており、静止に導かれることは決してありえないからだ。さらに、この内的力が外部へ向かうのは、それが弾性力の務めを果たすとき、すなわち、内的運動がその通常の進行において妨害されるときである。ここから、あらゆる物体は、本質的に弾性的であるということになる。水でさえ例外ではない。水がいかに激しく跳ね返るか、投石機〔大砲〕の球(11)もそれを示している。そして、もしもあらゆる物体が弾性的でなかったならば、真のしかるべき運動法則は得られなかっただろう(12)。だが、その力は、物体の可感的諸部分において、つねにはっきり見えるものになっているわけではない。それは明らかに、そうした諸部分が十分緊密に結びついていない場合である。しかし、物体は、より硬ければ硬いほど、いっそう弾性的であり、いっそう強く跳ね返る。衝突において諸物体が互いに跳ね返るとき、それは明らかに弾性力を通して行われる。ここから、実際には物体は、衝突から固有の運動をつねに得ているが、それは自身の固有の力からであって、外部からの衝撃はこの物体固有の力に対して、作用の機会、つまり、言うなれば認可(13)を与えているにすぎない。

10　だがここから理解されるのは、この原初的力、または実体の形相が認められるにしても(実際のところ、これが運動を引き起こしているあいだに、物質〔質料〕の内で形も決定しているのであるが)、それでもやはり、弾性力と他の現象の解明にあたっては、つねに機械的に進められなければならないということである。すなわち、物質〔質料〕の様態化である形と、形相の様態化であるインペトゥスを通してである。そして、明確で個別的な説明がなされねばならないときに、直接的かつ一般的な仕方で、事物の内の形相や原初的力に助けを求めても無駄である。それはちょうど、被造物の現象を説明するのに、第一実体すなわち神に訴えても、神の力と知恵が露わになるように神の手段あるいは目的も同時に個別的に説明され、近接した作用因あるいは固有の目的因もまた正しく示されるのでないならば、無駄であるのと同様である。〔後略〕

11　だがデカルト派は、力の本性を十分に理解しなかったために原動力と運動を混同してしまい、運動法則の確立にあたってひどい誤りを犯した(14)。というのも、デカルトは、力は質量と速さの複比に比例している、すなわち、力は彼が運動量と呼んでいるものと同じである、と〔誤って〕信じてしまったからである。彼は、同一の力が自然のなかに保存されるはずであることを理解していたし、物体がその力の一部(もちろん派生的力)を他の物体に与えるときも、その物体は力の一部を保持するので、力の総量は同一にとどまることを理解していた。だがそれにもかかわらず、彼は、平衡〔状態〕の例や、死力(死力はここでは計算〔考慮〕に入っておらず、そしてそれは、活力の、または、いま検討されている力の無限小の部分にすぎない)と私が呼んでいるものの例に欺かれて〔誤って信じて〕しまった。運動量という名前で彼が理解しているのは、質量と速さの積から生じるものである。それに対して私は、他のところで、(15) 力は質量の一乗と速さの二乗の複比に比例していることを、ア・プリオリに論証しておいた。私の知るところでは、ある学識ある人たち(16)は、最近デカルト派とは逆に、運動量が自然のなかで保存されないことをついに認めざるをえなかったので、しかもこの運動量だけを絶対的力と見なしたので、この〔絶対的〕力もまた存続しないと結論づけてしまい、相対的力の保存だけに避難してしまった。これに対して、私たちは、自然は絶対的力の保存においても、その一貫性と完全性を忘れることは決してない、ということを指摘した。そして、運動量が保存されるというデカルト派の見解があらゆる現象と衝突するときにも、私たちの見解は実験〔経験〕によって見事に確証されるのである。

12 さらにデカルト派は、次の点でも誤っている。つまり、変化が飛躍を通して生じると考えていることだ。それはまるで、たとえば、静止している物体が一定の運動状態へと瞬時に移行しうるかのようであり、あるいは、運動のなかに置かれた物体が、速度の中間的段階を経ることなく突然静止へと戻されうるかのようである。それは明らかに彼らが、諸物体の衝突における弾性力の効用を理解しなかったからである。だが、もしもその弾性力が存在しなかったとするならば、私は率直に認めるが、私が連続律と呼ぶもの――これによって飛躍が避けられる――も、平衡の法則――これによって絶対的力が保存される――も、諸事物の内に観察されてはいなかったであろうし、自然の建築者の他の優れた諸々の発明――それらによって物質に必然性が、そして形に美しさがもたらされている――も、そのための場所をもてはしなかったであろう。さらに、すべての物体に内在する弾性力自身が、すべての物体に内的な運動と、原初的な(いわば)無限の力が内在することを示している。とはいえ、その力は、衝突そのものにおいては周囲の状況が圧迫を加えるので、派生的力によって限定されるのであるが。〔ちょうど、丸天井〔アーチ〕において、あらゆる部分がそれにのしかかっているものの力全体を支えていたり、ぴんと張ったひもにおいて、あらゆる部分がそれを引っ張っているものの力全体を支えているように、あるいは、圧縮された空気のどんな部分も、圧迫している空気の重さと同じだけ大きい力をもっているように、どんな粒子も、取り巻いている物塊全体の共働する力によって作用へと駆り立てられ、火薬の例から明らかなように、その力を行使する機会を待っているにすぎない。(17)〕

13　〔略〕

14　さらに、(18)終わりに、こう付け加えることがよいと思う。すなわち、たいていのデカルト派が物体のなかの形相と力を向こう見ずなことに拒絶しているとしても、デカルト自身はより節度をもって語ったのであり、彼が表明したのは、そうした形相と力を用いるべき理由を自分は何一つ見いだしていない、ということだけだった。(19)私としても、もしもそれらが何の用もなさないというのならば、当然拒絶されるべきだ、と認める。だが私は、デカルトはまさにこの点で間違いを犯したことを示した。〔中略〕アリストテレスは、現象を説明するためには場所的運動のほかにさらに変質が必要であると見て取ったときに、このこと〔知覚可能な変化がなければ現在の状態は他の状態から区別できないこと〕を洞察したと私は思う。しかし、変質は、性質と同様に見かけの点で多様であっても、最終的な分析では、力の変化だけに還元される。というのも、物体のすべての性質、すなわち、形を除いた物体の実在的で安定したすべての偶有性(すなわち、運動のように一時的に存在するのではなく、未来に関わるとしても現在において(存在していると)理解されるもの)も、分析がなされれば、最終的には力に還元されるからである。さらには、力を取り除くならば、運動それ自身のなかには実在的なものは何も残らない。なぜなら、位置の変化だけからは、真の運動がどこにあるのか、言い換えれば、変化の原因がどこにあるのかを、決定することができないからである。

ゾフィー宛書簡

ハノーファー、一六九六年一一月四日(1)

妃殿下

私のいくつかの省察をご親切にも最も高貴な公妃のおひと方(2)にお送りいただき、そのお方から賞讃のお言葉を賜りまして、限りなくうれしい気持ちでおります。これは、たくさんの博士たちの見解よりも価値あるものです。この内容で考えたことを、昨年パリの『学芸雑誌』に寄稿いたしまして(3)、深い洞察力をもつ人々から、よく真実を述べているというお手紙がありました(4)。故アルノー氏は、党派の指導者であり、しかもデカルト主義にずっと好意的でしたが、彼でさえも、書簡でこのテーマを論じた際、私が挙げた論拠のいくつかには啓発された、と認めたのです(5)。次のことに不平を言う有能なデカルト主義者たちもいました。私が、動物に魂をもつ正当性を回復させようとしたこと、その魂にある種の持続を認めるに至ったこと、すべての物体は単なる延長《ひろがり》の塊ではなく、活力と生命をその内に含むと明示さえしたこと、にです。けれども、他の分野で私が成し遂げた発見の成果のために、私に反論しようとする意欲が減退なさった方々もあることがわかりました。というのも、デカルト氏の強みであった数学においてさえ、私の提示した方法が、彼の方法よりもはるか先に進んでいることを認めざるをえないからでした。これは、ロピタル侯爵が最近刊行した重要な論文で確認したばかりのことです。(6)とはいえ私は、ある人たちの思考を他の人たちの思考につなげていくことがどれだけ大切かを知っておりますので、フランスに必ずやいるはずの見識と節度ある方々の思考から学ぶことができるなら、いつでも、とてもうれしく存じます。

　私の基本的な省察は、二つのこと、すなわち一性と無限についてです。魂は単一です。物体は多ですが、無限であって、塵《ちり》のごく小さな一粒でも無数の被造物に満ちた世界を含んでいるようなものです。顕微鏡は、一滴の水の中にも百万匹以上の生物がいるのを、目に見えるようにさえしました。(7)さらに単一性とは、分割不可能で部分をもたないにもかかわらず、この多を表現せずにはおきません。円周からのすべての線が中心に集まるようなもので、中心は大きさをもちませんが、ただ一つ、すべての側に面しています。

感覚の驚嘆すべき本性は、この単一における無限の統合にあります。この統合によって、それぞれの魂は、それぞれ別個の世界のように存在し、自分のやり方で自分の視点からこの大きな世界を表現するのです。このゆえに、すべての魂は、一度存在し始めたら、世界そのものと同じく存続するはずであり、すべての魂はこの世界を映し出す永遠の鏡なのです。これらの鏡は普遍的でさえあり、それぞれの魂は宇宙全部を厳密に表現しています。なぜなら世界には、他の一切を感知しないようなものはなく、ただ隔たりに応じて、その結果がより目立たなくなるだけだからです。けれども、あらゆる魂のなかで最も気高い魂とは、永遠真理を知解できる魂であり、混濁した仕方だけで宇宙を表現するのではなく、さらに宇宙を知解し、至高の実体の見事さと偉大さについて判明な観念をもちうる魂です。それは、宇宙を映す鏡であるばかりでなく(すべての魂は宇宙を映す鏡ですが)、この宇宙のなかの最上のもの、すなわち神そのものを映す鏡でもあるのです。これは、精神や知性をもつものに定められたことであり、こうして彼らは、創造主に倣って、他の被造物を統治できるのです。

ゆえに、すべての魂は宇宙全体を正しく表現し、すべての精神はさらに神そのものを宇宙のなかで表現していますから、精神は考えられているよりも大きな何かである、と容易に判断できます。というのも、どの実体も自分に可能な最高の完全性に達しなければならず、その完全性は実体に内包されている(私たちの時代、蚕のなかにすでに蝶が見えない形で存在しているのが発見されたように)、というのは確かな真実ですから。さらに、この感覚的な生においては、私たちは舞台の変化にすぎない死に近づくのですから、成熟した後に老いていくと考えるのは妥当です。しかし魂そのものの永遠の生は、死を免れていて、老いも免れるのです。(9) それゆえ魂は、自身がその反映〔イメージ〕でもある世界と同様に、継続的に前進し成熟していきます。というのも、宇宙の外部には何もなく、したがって宇宙を妨げるものは何もないので、宇宙は継続的に前進し、あらゆる可能な規則性をもって展開するはずなのです。

事物のこうした宇宙的な前進は見えず、いわばそれを後退させている無秩序がたくさんあるようにさえ見える、(10) という反論があるでしょう。けれどもそれは、外見にすぎません。天文学の例で見ましょう。惑星の運動は、地球上にいる私たちには混乱したものに見えます。こうした天体は、さまよい、不規則に運行しているように見えます。あるとき前進したかと思えばそのあと後退し、時折は停止するようにさえ見えます。しかし、コペルニクスによって私たちが太陽系のなかに位置づけられたことで、少なくとも精神の目によって、私たちはそこに驚嘆すべき秩序を見いだしたのです。このように、すべてが秩序によって進んでいるだけでなく、私たちの精神も進展するに応じてますますその秩序に気づいていくはずなのです。

動物の話に戻りましょう。宇宙のなかでは何も失われず、何もなおざりにされることはないのですから、飼い主の好意にしがみついている妃殿下の犬たちでさえもそうであり、人間たちと並ぶように見えるまでになることでしょう。

フランスでも、機械論の学派、魂をもつという特権が私たちにだけ与えられているというような、自然の恩恵を限定する狭い考えから、段々に脱してほしいものです(11)。こうしたことを考えた人たちは、うぬぼれたり、他の人によく見せたりしたかったのです。そして無限についてもつべき思考に深く入っていけば、自然は単に機械にすぎないとか、『世界の複数性』の著者(12)は有能な方ですが、彼が侯爵夫人との対話のなかで述べた、自然は職人の仕事場よりも偉大なものをもたない、とかいうような考えとはまったく異なる、自然の尊厳についての考え方をもつでありましょう(13)。自然の機械は、私たちの〔つくった〕機械をはるかに超えています。じっさいに自然の機械は、感覚をもち、そのうえ、どの機械も無数の有機的器官をもっています。さらに驚嘆すべきことに、これによって、どの動物も、あらゆる偶発事に耐え、死によっては破壊されずに、ただ変化し収縮するのです。蛇が古い皮を脱ぎ捨てるようなものです。感覚される生命を見ても、一匹の動物は、有機的器官を立て直すことができれば、蘇生するのです。私が小さな子供だったとき、溺死した蠅《はえ》を生き返らせて喜んだのですが、その蠅におけるようなものです。さて全面的に語るなら、誕生と死は、展開〔外展〕と内包にほかなりません。それは、新しい栄養を摂取するためであり、栄養から精髄を吸収した後で、とりわけ感覚的表象の痕跡を自らの内に受け入れた後で、摂取を捨て去るためです。感覚的表象は、いつまでも残り、完全に忘却されても消失することはありません。そして想起する機会がつねにあるわけでなくても、こうした観念は折にふれて戻ってきて、時の経過のなかで有用であり続けるのです。あらゆる活動は、いかに微小であろうと、場所においても時間においても無限に拡がり、いわば全宇宙に光を放射し、永遠に保存されるということ、これは数学的にも証明されうるのです。かくして、魂だけでなく魂の活動も、つねに保存されますし、すべてのものが協力し共感しているので、それぞれの魂の活動さえもが、宇宙全体のどの魂にも保存されるのです。世界はまるごと、その諸部分のどこにも存在しているのですが、ある部分にあっては他の部分よりもさらに判明に存在しているのです。ここに精神の優位があり、至高の知性〔神〕はこれらの精神のために、他のすべてのものを創造したのです。それは、至高の知性を表現しているこうしたいわば生きた鏡すべてにおいて自らを増殖させることで、自らを認識させ愛するようにさせるためなのです。

敬　具

ゾフィー・シャルロッテ宛書簡

ハノーファー、一七〇四年五月八日(1)

ペルニッツ嬢(2)のご病気が心配したほどに悪くはなく、妃殿下のおそばにまもなく戻られる、あるいはすでにおそばで仕えておられると知り、うれしく存じます。

マサム夫人というイングランドの貴婦人から、カドワース氏(3)という亡き父上のご著書を頂戴しました。『知的体系』という二つ折り判《フォリオ》の本です。礼状を差し上げたところ、たいへん丁重な英語の返信をいただきました。ベール氏の本(4)と『学芸雑誌』での私の主張(5)をご覧になったので、少しその説明をしてほしいとのことです。それについて、先日この貴婦人にやや詳しく書き送ることになりましたが、そこで私は、自然の事物についての私の大原理は、『月の帝王アルルカン』の大原理、すなわち、いつでも、どこでも、すべてはここと まったく同じように、(6)だと申し上げました(ただしアルルカンには言及しませんでしたけれど)。つまり、完全性の大小や程度に多様性があるとしても、事物の根底では自然は斉一であるということです。この原理が、世界で最も容易で最も納得できる哲学をもたらします。まず、私たち自身と他の被造物を比較しましょう。

たとえば人間の身体という物体があり、そこには表象[7]があります。けれども、その身体を構成する物質の微小部分だけが、それを取り巻く他のすべての諸部分から限りなく、しかも本質的に区別される利点をもつというのは、あまりにも特権的に扱いすぎることになります。それゆえ生命や表象は至るところにあると判断すべきです。しかし私たち自身の表象も、時に反省を伴い、時にそうでないこともあり、明晰判明の度合いにも大小があります。ですから、その表象が曖昧で混乱していて、私たちのうちでは知識の母である反省さえもたないような生命体がある、と容易に判断できましょう。こうして、自然は斉一でありながらも豊かさや装飾が添えられていますから、次のことがわかるのです。宇宙のなかでは私たち〔人間〕だけが反省能力をもつ存在者ではなく、私たちを途方もなく凌駕する者さえあり、そのゆえに私たちが精霊と呼ぶものを心に抱くということ。だが、根底では、どれもやはりここと同じ、でしょうから、私見では、こうした精霊たちもやはり、それにふさわしい有機的な身体を伴うでしょう。それは精妙であり、この崇高な精霊たちの認識と力能に釣り合う力をもつ身体です。この原理によれば、身体から離れた魂、物質から完全に切り離された知性はありません。しかし至高の精神、すなわち、すべてのものを、さらには物質そのものをも創造した、至高の精神〔神〕は例外です。

ここまで私は、根底においてはすべてが合致していると思われる被造物全体を比較検討いたしました。ここからは、これら被造物の過去と未来の状態と、現在の状態とを比較検討していきましょう。そのために次のことを申し上げておきます。世界の始まり以来、未来もずっと、つねにすべてはここと同じようであり、将来もそうであり、事物の根底においてすべては現在と同じようであること、しかもそれはさまざまな存在者についてばかりか、一つの存在者をそれ自身と比較しても言える、ということです。すなわち、生きて、表象をもつ存在者は、つねに存続しつづけ、自分に対応した器官を保つでしょう。表象も物質も、場所ということで普遍性があるので、時間ということでも普遍性があり、言い換えれば、各実体が表象と諸器官をもつというだけでなく、さらに、つねにそうなのだ、ということです。私がここで言うのは、一つの実体であり、動物の群れや魚でいっぱいの池のような単なる実体の寄せ集めではありません。後者においては、それぞれの羊や魚が表象と器官をもつことで十分です。ただし、養殖池での魚と魚のあいだの水のなかのように、空隙のなかにも、もっと微小な別の生き物たちがいますし、こうして事態はどこまでも同じで、空虚はありません。

さて、表象がどのようにして自然的に始まりうるのかは、物質の始まりと同様、考えを抱くことができません。というのも、どんな機械を思い描いても、それはつねに、物体の衝突、大きさ、形、それに特有な仕方で産出された運動でしかなく、それは表象とはまったく別のものであると私たちは解します。よって、表象は自然的に始まりえないので、自然的に終わることもないはずです。また、一つの実体そのもののもつ差異は、他の実体との相違より大きいということはありません。つまり、同じ実体であっても、生き生きした表象をもつこともあれば、そうでないときもありますし、それに伴う反省的思考も大きかったり、小さかったりします。

そして物質は、至高の知性の帰結および連続的発出なのですから、至るところ有機的で巧みにつくられているのが物質の本質である以上、実体のもつ全器官を破壊してしまうことはできないでしょう。ただし、目に見えるもので思い描くのなら容易ですが、こうした器官や技巧は、たいていの場合は目に見えない微小部分に見いだされるのにちがいないのです。そこでも、つまり見えないものにおいても見えるものにおいても、すべてはここと同じようにという格率が成り立っています。その結果、自然的には、そして形而上学的厳密さから言っても、同一の動物に発生と消滅はなく、ただその展開と内包〔収縮〕がある、ということです。そうでないと、あまりに大きな飛躍があるし、説明のつかない本質的変化によって、自然が斉一性というその性格から大きく逸脱することになるでしょう。変態する動物があることが経験的に知られていますが、そこで自然そのものが、他では隠しているささやかな一例を示してくれたのです。ほんとうに明敏な観察者には、動物の発生が変態につながる発展〔増大〕に他ならないことがわかるのです。そこから、死がその反対でしかありえず、発生と死の違いは、前者では変化が徐々に生じるのに対して、後者では変化が突然に激しく生じる、ということだけです。さらに経験的に知られていることですが、頭を殴られて生じるような微小表象があまりに多いと、私たちは目を回してしまいますし、気絶したとき、自分がまったく何も表象しなかったかのごとく、表象をほぼ思い出せないし思い出せるはずがない、ということが起こります。ゆえに、斉一性の規則からは、自然の秩序に従って、動物においてさえも死を別様に判断すべきではありません。というのも、物事は、すでに知られ経験されたこのやり方で容易に説明でき、これとは別のやり方では説明できないのです。表象の原理の存在や活動が、いかにして始まり終わるのかを理解することも、その分離を理解することも不可能なのですから。さらに、秩序と技巧は至るところにあるのですから、動物に生じるこうした一連の変化は、疑いなくやはりきわめて美しい秩序をもち、大いなる満足を生み出す、と容易に判断されます。簡単な例として、これらの存在者を高い山に登ろうとする人間に喩えてみましょう。この山は緑はあるものの、いくつかの避難小屋やところどころに階段のある城壁のように険しく、人はよじ登って小屋や胸壁に近づくと、突然に幾度となくもっと下まで落ちてしまい、ふたたび新たな登りを強いられます。それでもやはり人は少しずつ、ある段階から次の段階へと到達しているのです。時には、よく跳ぶために後ずさりをするものです。だが神の摂理の秩序は、反省する存在者を、きわめて特別な仕方で、疑いなく最も適切な、さらには最も望ましい仕方で扱うのです。

ところで、魂はどのようにして物質に働きかけることができるのか、また物質はどのようにして魂すなわち表象する存在者に働きかけることができるのか、と問われるでしょう。たしかに私たちは、身体がしばしば魂の意志に従い、魂が身体の作用を意識しているのを、自身の内で認めています。けれどもこの二者のあいだに、いかなる影響関係も理解することがないのです。古代の哲学者たちは、実際これについて何も語っていないのですから、この難問を絶望的として放棄したのです。近代人たちは、ゴルディオスの結び目をアレクサンドロスの剣で断ち切ろうとして、(8)歌劇の大団円で神々が舞台に降りてくるように、自然の事物のうちに奇蹟を介入させました。というのも、近代人たちは、神は絶えず魂を身体に合致させ、身体を魂に合致させており、そして契約〔協約〕あるいは一般意志によってそうせざるをえない、と主張しているのです。しかしこの主張は、自然の斉一性の原理に完全に対立します。通常、物体は機械論的で可知的な諸法則に従って、互いに影響しあっています。しかし突然に、魂が何かを望むと、神がやってきて、物体のこの秩序を乱し、物体の運行〔流れ〕を変えるのでしょうか。なんという見せかけでしょう。

だがこれが、マルブランシュ神父や現代のデカルト派の考え方で、(9)いかに優れたベール氏でも、私が彼を揺り動かしたとは思えるのですけれど、苦労してまたそこに戻るのです。では、どうすればいいのでしょう。

解決は、私たちの通常の原理によってすべて見いだされます。物体が何らかの機械において衝突の機械的法則に従い、魂が何らかの熟考において明白な善悪の道徳的法則に従うことがわかっているときです。これほどにはわからず、はっきりとは識別できない他の事例の場合も同様なのであり、すべてはここと同じように、と言えましょう。すなわち、私たちが混乱した認識しかもてないものを、判明な認識をもつものによって説明しましょう。そして次のことが言えましょう。物体においては、すべてが機械的につまり運動法則に従ってなされ、魂においては、すべてが道徳的につまり善悪の現れに従ってなされる、したがって、身体だけが関与しているように見える本能や無意志的な作用においてさえ、私たちの反省がその混乱を解きほぐせないとしても、魂には善を求め悪を回避する欲求があり、これが魂を押している、ということです。けれども、魂と身体がこのようにそれぞれ別々に自らの法則に従っているのであれば、両者はどのように交わり、身体が魂に従い、魂が身体の影響を受け取ることはどのようにして起こるのでしょうか？　この自然の神秘を説明するためには、事物における秩序と技巧の本源的な理由が問われるときのように、神に訴えねばなりません。ただし、それは一回限りであり、神が魂に身体を対応させるために物体の法則を乱すようなものではなく、その逆をすることでもありません。そうではなく、神はあらかじめ身体を、物体の法則と運動の自然の傾向性に従って、しかるべきときに魂が望むことをするようにしたのです。そして魂をも、欲求の自然の傾向性に従って、つねに身体の状態を表現するようにしたのです。その証拠に、運動が物質をある形象から別の形象へと導くように、欲求は魂をあるイメージから別のイメージへと導きます。したがって、魂はあらかじめ支配的なものとしてつくられていて、その欲求が判明な表象を伴うかぎり身体を従えます。判明な表象が、魂が何かを欲するとき魂に適切な手段を考えさせるのです。しかし、魂が混乱した表象にしか至らないなら、魂は身体に服従するようにも、なおあらかじめつくられています。じっさい、私たちの経験によっても、すべてのものは変化へと傾きます。身体は運動力によって傾き、魂は欲求によって傾き、この欲求が魂の完全性の度合いに応じて、その魂を判明もしくは混乱した表象へ導いているのです。魂と身体のあいだのこうした本源的な調和に、驚いてはなりません。というのも、すべての身体は普遍的精神の意図に従って配備され、すべての魂は各々の射程と視点に応じて本質的に宇宙を表現し、宇宙の生きた鏡であり、それゆえ世界そのものと同じだけ存続するからです。それはあたかも、神は魂が存在するのと同じだけ宇宙を多様化したかのようであり、根底において合致し現れにおいて多様な宇宙を、魂と同じだけ、縮約して創造したかのごとくです。完全な秩序を伴ったこの斉一な単純性ほど豊かなものは他にありません。魂は宇宙のある種の表出であり、凝縮した宇宙のようなものなのですから、別々にある各々の魂が完全に適合しているはずかどうか、判断を下すことができるのです。この適合については、私たちの身体も含めて各々の物体が、他のすべての物体から何かを蒙り、したがって魂も連関することから、確かめられます。

以上、私の哲学全体を短くまとめてみました。たしかにとてもわかりやすいです。というのも、私たちが経験することに対応しないものは受け入れていませんし、通俗の二つの格言を基礎としていますので。どこでも、すべてはここと同じように、というイタリア演劇の台詞と、タッソーの、自然は多様性によって美しい(10)、という言葉です。この二つは矛盾しているようにも見えますが、一方は事物の根底について、他方はその様式と現れについてであると解すれば、両立すべきでしょう。真理の探究を愛し、真理を洞察できる方々には、これはまずまずよいと映るでしょう。しかし、妃殿下のような第一級の方々には、これはあまりに低俗でつまらなく思われるのではないかと存じます。第一級とはご身分のことではなく、精神のことを意味しています。妃殿下には、こうしたことを申し上げるべきでなく、もっと高尚なこと――他のどなたかが私よりもうまくお伝えできるような――をお伝えすべきではなかったか、と危惧しております。しかしながら、こうした軽い話も、しばしのあいだお慰みとなるかもしれません。せめてそのようなお役に立てれば幸甚でございます。献身とともに。

敬具

生命の原理と形成的自然についての考察、予定調和の説の著者による

一七〇五年五月

形成的自然ならびに生命の原理についてもち上がった論争を機に、それに関心をもつ著名な人たちが私の説に言及するようになり、これについて何らかの説明を求めているようです(『精選文庫』第五巻第五号、三〇一頁、『学芸著作史』一七〇四年、第七号、三九三頁を参照)(1)。それで、このテーマについて、ベール氏によって『辞典』の「ロラリウス」の項(2)に引用されている、私がいろいろな雑誌で公にしたことに少し付け加えておくのが、時宜を得ていると思いました。私はたしかに、生命の原理が全自然のうちに流入し、しかも不死的であると認めています。というのも、この生命の原理は、不可分な実体、あるいはむしろ統一体だからです。これに対して物体は、部分の分解によって消滅する数多

のものです。この生命の原理、すなわち魂は、表象と欲求を有します。それが実体的形相か、と問われたら、私は場合を分けて答えます。この言葉を、デカルト氏がレギウス氏に反対して理性的魂が人間の実体的形相だ、と言ったように解するなら、私も、しかりと答えます。(3) けれどもその言葉を、石塊や他の非有機的物体に実体的形相がある、と思い込む人たちのように解するなら、私は否と答えます。生命の原理は有機的身体にしか属さないからです。たしかに(私の説によれば)、物質のどの部分のうちにも、無数の有機的で生命ある身体〔物体〕があるのです。その身体ということで私は、動物や植物だけでなく、私たちにまったく知られていないかもしれない他の種類の身体も含めています。しかし、だからといって、物質のどの部分にも生命があると言うべきではありません。魚に生命があっても、魚でいっぱいの池を生命ある身体とは言わないのと同じです。

けれども、生命の原理についての私の見解は、これまで教えられたことと、いくつかの点で異なります。その一つは以下のとおりです。人はみな、生命の原理が物体の運動の成り行きを変えたり、あるいは少なくとも、神にそれを変える機因を与える、と思っていました。しかし私の説では、この成り行きは、自然の秩序の内では決して変えられません。神はそれをしかるべく予定設定したからです。アリストテレス主義者は、魂は身体への影響をなし、意志や欲求によって魂が身体に刻印を与える、と考えました。生命の原理と形成的自然によってこの論争に加わった有名な著者たちは、アリストテレス主義者ではないけれど、同じ見解でした。(4)〈原質《アルケー》〉とか、質料を支配する原理とか、あるいは他の呼び名で非物質的原理を採る人たちにも言えます。(5)デカルトは、力の量が同一に保存されるという自然法則があるのを認めていましたから(もっとも、力の量を運動の量と混同したため、その適用においては誤った)、次のように考えました。魂は、身体の力を増減させることはできず、動物精気の流れを変えることによって、身体運動の方向を変えることができるだけだ、と。デカルト派のなかでも、機会原因の説を流行させた人たちは、魂が身体への影響力をもちえないので、魂の意志に応じて神が動物精気の流れと方向を変えるにちがいない、と考えました。(6)けれども、もしデカルト氏の時代に、私が証明した新たな自然法則が知られていて、相互に交渉している諸物体の全体の力の量ばかりか全体の方向も維持されるとわかっていたなら、デカルト氏は予定調和についての私の説に同意したでありましょう。なぜなら、魂が、物体の方向の量を変えないとすることも、物体の力の量を変えることはできないとすることも、ともに合理的であることが、デカルト氏にはわかったはずだからです。方向を変えることも力の量を変えることも、いずれも説明不可能なゆえに事物の秩序と自然の法則に反するからです。こうして私の説によれば、魂すなわち生命の原理は、物体の通常の成り行きにおいては何も変えないし、神にその機会を与えることもないのです。この法則に従って魂は、善や悪による表象を展開し、物体もこの法則に従って運動の規則の内にあります。この二つの存在は、まったく類が異なりますが同時に合致し、完壁に調整されて同時にぴたりと合う二つの振り子時計(造りは異なるかもしれないが)のように対応しています。これが私の言う予定調和で、それによれば、純粋に自然的な作用から奇蹟の概念はすべて取り除かれ、諸事物は、知的に理解できる仕方で規則的に進行することになります。これに対して、普通の説は、絶対に説明不可能な影響作用に頼っています。機会原因の説では、神は一種の一般的な法により、いわば契約により、魂の思考の自然的な流れを、身体の刻印に適合させるために絶えず変えることを余儀なくされていますし、また、身体の自然的な成り行きを魂の意志に合わせて乱すことを余儀なくされています。これを説明するには永遠の奇蹟に拠るしかありません。(7) 対して、私はすべてを、神が事物の内に予定した自然本性によって知的に解することができるものと説明します。

この予定調和の説は、神の存在について、これまでに知られていない新たな証明を与えます。というのも、互いに影響しあうことのない多くの実体の合致は、それら実体のすべてが依拠している普遍的な原因から来るしかないことが、きわめて明らかだからです。しかもこの原因は、これらすべての合致を予定設定する力と無限の知恵とを有しているはずだからです。ベール氏も、私たちが神の知恵について抱く認識をこれほどくっきりと浮き彫りにしてくれた仮説はかつてなかった、と評してくれました(8)。この説はさらに、物体が運動の変化を受けるのは、それを押しつつ運動している他の物体によるのみ、という物理学の大原理を、厳密かつ普遍的に保持する利点もあります。〈物体が動くのは隣接した運動体の衝撃のみによる〉という大原理です。この法則は、魂や他の非物質的原理を認める人たちがみな踏みにじってきました。デカルト主義者すべてでさえそうなのです。デモクリトス主義者、ホッブズ、他の何人かの純粋唯物論者たちは、非物質的実体をすべて斥けて、彼らだけがこれまでこの法則を保持してきました。他の哲学者たちが不合理きわまりない見解を主張しているようだから、ここに侮蔑する理由を見いだしたと考えたのです。しかし彼らの勝利の理由は見かけだけであり、〈人に訴える論証(*ad hominem*)〉でしかありませんし、それは彼らを利するどころか、へこませるものでした。いま、彼らの思い違いは明白になり、彼らにとっての利点は彼らに反するものへと転じました。(9)それで、最善の哲学とは、すべてにおいて理性に最も適合し、理性に対立するものは一切ふくまない、ということが明らかになったと言えるでしょう。この一般的原理からは、個別的な第一動者は除かれます。(10)魂や、〔神によって〕創造された非物質的原理には、動者としての性質が否定されているからです。けれども、この一般的原理によって、私たちはいっそう確実かつ明晰に、普遍的な第一動者に到達します。この普遍的な第一動者からはまた、表象の系列とその合致が生じます。ここにあるのは、いわば二つの王国です。一つは作用因の王国、もう一つは目的因の王国で、すべてのことを細部にわたって説明するにはそれぞれの一方だけで十分です。まるで他方がないかのようですが。しかし、それぞれは他方がなければ、その起源の普遍性としては不十分です。両者とも、一つの源泉から発出したものであり、その源泉においては、作用因をもたらす力と目的因を制御する知恵とが結合されているからです。また、運動なるものは機械的規則に従って他の運動に起源を有する、という基本律によっても、やはり私たちは第一動者に至ります。なぜなら、物質は、それ自体はあらゆる運動や静止に対して無差別ですが、それにもかかわらずその力と方向をもつ運動をつねに有しているのですから、物質をつくったもの自身によってのみ運動を与えられうるからです。

生命の原理を支持する他の著者たちの見解と私の見解とのあいだに、もう一つ相違点があります。つまり、私は、生命の原理が不死であることと、それが至るところに存在することを、同時に認めています。けれども通常の意見では動物の魂は滅びてしまい、デカルト派においては、真に魂をもちさらに表象や欲求をもつのは人間だけとなりますが、しかしこうした考えが今後是認されるということはないでしょう。彼らがそうした考えを抱いたのは、動物に不死の魂を認めるか、人間の魂が死すべきものたりうるか、いずれかでなければならないとしたからに他なりません(11)。けれども、むしろ、こう言うべきだったのです。あらゆる単純実体は不滅で、それゆえあらゆる魂は不死であり、動物に対して魂を拒絶する理由はないので、動物の魂もつねに存続しないわけにはいかない、と。とはいえ、動物の魂の存続の仕方は、私たちの魂とは非常に異なります。というのも、動物は知られうるかぎりでは反省的思考作用を欠いていますが、私たちはこの反省的思考作用によって自分自身のことを考えるからです。原子論の擁護者たちは、不滅なものとして物質的実体を導入していますし、動物の魂は原子と同様に反省作用などもっていないのですから、なぜ人々が人間以外の有機的被造物の身体に不滅の非物質的実体を認めることに反対するのか、わかりかねるところです。なるほど〔動物を含めたすべての〕魂に共通な感覚作用と、理性を伴う反省的思考作用とのあいだには大きな隔たりがあります。周知のように私たちも幾多の感覚を有していながら、それについて反省的思考をしていません。そして、表象がすべて意識を伴うということを、デカルト派がこれまで証明したとも、それを証明できるとも、聞いたことがありません。(12) だから、表象の能力をもつ実体が、私たちの上に存在するように私たちの下にも存在する、と言うほうが理に適っています。また私たちの魂が、万物の究極にあるのではなくて、その中間に位置し、下がることも上がることもできる、と言うほうが理に適っています。そうでなければ、秩序に欠陥が生じ、ある哲学者たちが言うように〈形相の空虚(*vacuum formarum*)〉(13)になってしまいます。こうして、理性と自然に基づけば、人々はいま私が示した見解に達するのです。だが、偏見が人々の方向を誤らせたのです。

この見解は、私たちをもう一つ別の問題に導きます。これにおいても私は一般に受け入れられている考え方を捨てざるをえません。私のような考え方をもつ人たちに対して、動物が死んだ後その魂はどうなるのかと尋ねられることがあります。私たちにピュタゴラスの教説をなすりつけようとするのです。ピュタゴラスの教説は魂の輪廻を信じていました。その考えは、故ファン・ヘルモント氏(息子のほう)[14]ばかりか、パリで刊行されたあの『哲学的省察』の優れた著者[15]までもが復活させようとしていました。しかし、私はそうした考えから大きく隔たっていることを知っていただかねばなりません。なぜなら私は、魂だけでなく動物そのものも存続すると考えるからです。経験を厳格に捉えた人たちは、現代すでに次のことに気がついています。動物がまったく新たに生み出されるということはないのではないか、むしろいま生きている動物は、妊娠以前にも、植物のように小さなものとして種子の内にあったのではないか、と。[16]この説を措定するなら、誕生しないものは生きることをやめもしない、死とは発生と同様に、増大したり減少したりする同一の動物の変形でしかない、と合理的に判断できましょう。こう考えるとさらに、神の技巧のすばらしさが見いだされ、それはこれまで思いつかれたことのないほどです。すなわち、自然の機械は、その最小の部分においてさえも機械であり、一つの小さな機械はそれより大きな機械に含まれてそれが無限に続くので、自然の機械は破壊されることがありません。こうして、動物と同じように魂も予先存在し、魂と同じように動物も存続することを、同時に承認することになるのです。

私は知らず知らずのうちに、植物と動物の形成についての私の見解を説明していたことになります。というのも、これまで私が述べたことから、動植物がまったく新たに形成されることは決してないことが見えてきたからです。ゆえに私は、カドワース氏と同意見で、機械的法則しかなく有機化されたものが一切ないところでは動物は形成されない、と考えます（彼の優れた著作の大部分を私はたいへん高く評価しています）[17]。幾人かの古人がこの問題について考えたことや、デカルト氏がその『人間論』で考えたことにも、この説は対立します。デカルト氏にとって形成の問題はわずかしか配慮されず、真の人間につながることもほとんどありません[18]。私はカドワース氏のこの見解を補強するために、次の考察を付与します。すなわち、神の知恵によって整えられた物質は本質的に至るところで有機化されているはずで、したがって自然の機械の部分はどこまでも限りない。またそこには多くの包蔵関係と、互いに包蔵しあった身体とがあるので、予先形成がなければ、有機的身体をまったく新たに産出することなどできないし、すでに存続している動物を壊滅させることもできない、と。こうして私は、カドワース氏のようなある種の非物質的な形成的自然に頼る必要はないのです。もっとも、ジュール・スカリジェル[19]や他のアリストテレス主義者、ヘルモントの原質説の擁護者の幾人かは、魂が自らの体をつくると信じていたことを、私は記憶しています。これについては、足らざるところなく、満ち足れるところもなし、と言えます[20]。予先形成と無限の有機化の事由があり、これによって私は、求められるに適した、物質的な形成的自然を示すことができるのです。これに対して、非物質的な形成的原理はほとんど必要でなく、十分たりえません。というのも、動物が非有機的な物塊から自然に形成されることはないのだから、機械的仕組みが無限に多様な器官を新たに産出することはできないといっても、もとの機械的仕組みによって動物が、先在する有機的身体から展開や変形を通して引き出されうるからです。しかし物質的であれ非物質的であれ、形成的自然の説を採る人たちは、自然の不可思議から引き出された神の存在証明を弱めることはありません。この不可思議はとりわけ動物の構造のうちに現れていて、非物質的な形成的自然の擁護者たちはそこに神の個別的な導きを付け加えます。私のように物質的原因を採る者たちは、形成的な機械的仕組みだけで十分なので、連続的な予先形成ばかりでなく、神の本源的な予定設定も主張するのです。こうして、どのようなやり方を採ろうとも、これらの不可思議を説明するには、神の存在がなければなりません。これらの不可思議はこれまでつねに人々の賛嘆の的でしたが、私の説において、よりいっそうよく示されています。

ここからわかるのですが、事物の通常の経過においては、魂だけでなく動物もつねに存続しなければなりません。だが自然の諸法則がつくられ適用されるのは、十分な秩序と十分な理由を伴ってのことです。その結果、諸法則は一つならず多くの目的に資するのであり、神は、自然の機械と作品にとって発明者であり建築者であるし、叡智を有する実体にとっては王であり父なのです。そしてこの実体の魂は、神の姿に似せてつくられた精神です。精神からは、これらが市民となっている王国は、考案されるかぎり最も完全な君主国であり、そこでは、罪には必ず何らかの罰が科され、善行には必ず何らかの褒賞があります。正義と善とが、願われうる最も見事な結合をなして、君主国の栄光と臣下の幸福へと向かいます。しかし、予先存在についても、人間の魂の未来の状態の細部についても、私は何も確言いたしません。というのも、これについて神は、恩寵のもとでは通常ならざる途を用いることができるからです。とはいえ、啓示が私たちに反対のことを教導しないかぎり、自然的理性が望ましいとするものが好ましいはずです。

このことをここで決定するつもりはありません。

この手紙を終える前に、私の説の他のさまざまな利点のなかでも次のことを指摘しておくのがよいでしょう。私が用いる諸規則は、私の哲学全体においてつねに例外がないため普遍性を主張できることで、この点で他の諸説とは正反対です。たとえば、これはすでに述べたことですが、機械的法則は自然の運動においては妨げられることなく同じ力と同じ方向が維持されます。魂においては、身体などないかのようにすべてが生じ、身体においては、魂などないかのようにすべてが生じます。空間のどの部分も充満しています。物質のどの部分も現実に分割されていて、そこに有機的身体が含まれています。至るところに身体があるように、至るところに魂があります。魂も動物そのものも、つねに存続します。有機的身体には必ず魂が伴い、魂は有機的身体から分離することはありません。ただ、物質のどの部分についても、それが同じ魂に向けられている、とも言えます。そこで、自然的にまったく分離された魂とか、身体からまったく離脱した被造精神とかは存在しない、と私は認め、この点で古代の教父たちと同じ見解です。神のみがすべての物質を超えています。神はその作者だからです。しかし被造物が物質から束縛されず解放されたら、それは同時に普遍的結合から切り離されることになり、一般的秩序からの脱走者のようになってしまいます。諸規則のこうした普遍性は、説明がとてもたやすいことに支えられています。というのも、斉一性、これが自然の内に順守されていると私は思いますが、この斉一性によってどこでもいつでもどんな場合も、大きさや完全性の度合いこそ違え、こことまったく同じに、(21)と言うことができるからです。そのため、最も遠くにあるものや、最も奥深く秘されたものが、目に見えて近くにあるものとの類比によって、完全に説明されるのです。

コスト宛書簡

ハノーファー、一七〇七年一二月一九日(1)

ロック氏最新の増補部分と訂正箇所をお送りいただき、まことにありがとうございます。(2) また、ロック氏のリンボルク氏(3)との最後の論争についてあなたが述べておられることを学べたのも非常にうれしく思います。論争が展開され、あなたが私の意見を求めておられる無差別の自由は、多くの人たちが議論していながら、それを理解することに気を配る人がほとんどいないような、ある微妙な問題を含んでいます。それは、必然性と偶然性の考察(4)に帰着します。

真理は、その反対が矛盾を含む場合は必然的で、真理が必然的でないときは、偶然的と呼ばれます。神が存在するとか、すべての直角は互いに等しい、等々は必然的真理です。私が現実存在するとか、実際に直角であるように見える諸物体が自然のなかに存在するとかは、偶然的真理です。というのも、宇宙全体は別様につくられることもできたわけで、時間と空間と物質は運動や形にはまったく無関係であり、神は無限の可能的なもののなかから最適と判断したものを選択したのです。

しかし、ひとたび神が選択した以上、すべてが神の選択のなかに含まれており、何も変えることはできない、と認めなければなりません。神はすべてのものを一度かぎり予見して規則づけたのですから。諸事物を断片的かつ断続的に規則づけることはできないのです。したがって、より大きな善のために許容するのが適切だと神が判断した罪と悪は、いわば神の選択のなかに含まれているのです。来るべき事物に現在帰することができるのはこうした必然性で、それは仮定的、もしくは結果として生じる、必然性と呼ばれます。つまり、選択された仮説の結果に基づく必然性です。これは事物の偶然性を破壊しませんし、偶然性が受け入れない絶対的必然性を生み出すこともありません。しかも、ほとんどすべての神学者や哲学者が(というのも、ソッツィーニ派[5]は除外しなければなりませんが)、私がいま説明した仮定的必然性を承認していますし、神の属性や事物の本性までをも覆さなければ、その必然性に反対できない、と認めています。

だが、宇宙のすべての事実は今や神との関係において確実であり、あるいは(同じことになりますが）諸事実そのものにおいて決定づけられて、諸事実相互において結びついてさえいるけれど、だからといって、それらの結びつきが必ずしも真の必然性をもっていることにはなりません。すなわち、ある事実が他の事実の結果として生じると述べる真理が必然的、ということにはならないのです。そして、とりわけ自由意志による行為に適用すべきは、このことなのです。

たとえば、離れるべきか離れざるべきか、を選択する場合です。内的および外的な一切の状況が与えられていて、動機、表象、態勢、印象〔刻印〕、情念、傾向性がとりまめられているならば、私がまだ偶然的な状態にあるのかどうか、それとも、たとえば離れる選択を行う必要に迫られているのかどうか、が問題です。つまり、そうした状況の一切がとりまとめられている場合に、私は離れることを選択するだろうという、実際にこの真実で決定づけられた命題が、偶然的か、それとも必然的か、が問題なのです。これに対して私は、それは偶然的であると答えます。なぜなら、その真理の反対が矛盾を含んでいることを、私も、私より見識のある他のどんな精神も、論証できないでしょうから。無差別の自由を、（先ほど説明したように）必然性に対立する自由と解すると仮定すれば、私はその自由に同意します。というのも実際、私たちの自由は、決定と確実性は免れえないとしても、神の自由や至福の精神の自由と同じように、強制だけでなく絶対的必然性をも免れている、と私は思うからです。

しかし、良識の諸原理に反する空想的思考に陥らないためには、ここで非常に用心する必要があるでしょう。それは、私が絶対的無差別、あるいは均衡的無差別と呼ぶものです。ある人たちは自由のなかにそうした無差別があると考えますが、私はその無差別は空想的だと思います。(6) それゆえ、私が今しがたお話しした〔諸事実の〕そうした結びつきは、絶対的な意味で言えば必然的ではありませんが、それでもやはり、たしかに真実であると見なさねばなりませんし、一般に、とりまとめられたすべての状況で熟考の天秤の一方が他方よりも重く傾くたびに、確実にそして間違いなくそちら側が優位を占めるだろう、と考えるべきです。神や完全な賢者は、知られている最善〔なもの〕をつねに選ぶでしょうし、もし一方の側が他方よりもよいのでないとすれば、いずれの側も選ばないでしょう。その他の知的実体においては、情念がしばしば理性〔理由〕の代わりとなり、意志一般に関しては、選択は最大の傾向性に従う、とつねに言えましょう。傾向性ということで私は、真または明白な、情念や理由と解しています。

だが、次のように思っている人たちがいることも認められます。人は時としてあまり重く傾いていない側に決定づけられ、神はすべてを考察して時にはより小さな善を選び、人間は時には根拠もなくすべての理由や態勢や情念に反しても選択し、結局のところ、人は時として選択を決定づけるいかなる理由がなくても選択してしまうものだ、と。しかし、それは誤りであり、ばかげていると思います。なぜなら、原因や決定づける理由がなければ決して何も起こらない、(7)ということが、良識の最大の諸原理の一つだからです。かくして、神が選択するときは、最善という理由によっているのであり、人間が選択するときは、その人を最も印象づけることになる側が選択されるでしょう。もし、別の面ではあまり有益とも心地よいとも思えないものを選択するとしても、それは、おそらくその人にとっては、気まぐれや反抗心やまた同様の理由のために、より心地よいものになっているのでしょう。堕落した嗜好のそうした理由は、たとえそれが最終決定する理由ではないとしても、それでもやはり決定づける理由なのでしょう。そして、人はいかなる反例も決して見いださないでしょう。

かくして、私たちは、必然性から私たちを救う、無差別の自由をもっているけれども、決定づける理由を免れうる均衡的無差別は決してもたないのです。私たちを傾かせ選択させるものがつねにありますが、それは私たちを強いることができるわけではありません。神が、(道徳的必然性からではなく〔それとは別に〕)必然的に最善に向かうわけではないけれど、つねに間違いなく最善に向かうように、私たちはつねに間違いなく、私たちを最も印象づけるものに向かうのです。しかし、それは必然的にではありません。その反対は矛盾を含んでいないので、神が創造したこと、とりわけこの世界を創造したことは、必然的でも本質的でもありませんでした。もっとも、神の叡智と善性は神をそこに導いたのでしたが。

ベール氏は鋭敏な人でしたが、このことこそ、ビュリダンの驢馬《ろば》(8)の場合に似た事例は可能であり、完全な均衡の状況に置かれた人間はそれでも選択できるだろうと氏が考えた際に、十分に考察しなかった点なのです。というのも、完全な均衡という事例は空想的であって、決して起こりえない、と言わねばならないからです。宇宙が二つの等しくて相似た部分に分割され分断されることなど、ありえないからです。宇宙は、楕円のようなものでもないし、中心から引かれた直線によって二つの合同な部分に切断できてしまう、別の卵形のようなものでもありません。宇宙に中心はなく、その諸部分は無限に変化に富んでいます。かくして、すべてが完全に等しく、すべての印象がどちら側にも等しく及んでしまうような状況など、決して起こらないでしょう。私たちは、私たちを

〈選択へと〉決定づけるのに貢献しているすべての微小な印象を、必ずしも意識表象できるわけではないけれども、二つの矛盾する対立項のあいだで、私たちを決定づける何かがつねに存在するのです。どちら側も完全に等しいような場合など決してありません。

　しかしながら、とりまとめられた内的および外的なすべての状況に関して、私たちの〈所与からの〉選択はつねに決定づけられているけれども、そして、今のところは意志を変えることは私たちに依存していないけれども、それでもやはり、私たちの注意が向かうあるいくつかの対象を選択することによって、そして一定の考え方に自らを慣らすことによって、私たちが自らの未来の意志に関して大きな力をもっていることも真実です。こうした手段によって、印象によりよく抵抗したり、よりよく理性を働かせたりするよう、自らを習慣づけることができ、その結果私たちは、なすべきことを自らが欲するようにさせうるのです。さらには、他の箇所[9]ですでに示しましたが、ある形而上学的な意味で事物を捉えれば、私たちはつねに完全な自発性の状態にあるのです。外的事物の印象に帰されているものも、私たちのなかの混乱した表象にのみ起因し、そうした表象は外的事物に対応していて、各実体と他のすべての諸実体との関係をつくっている予定調和によって、初めから必ず与えられているのです。

あなたの言うセヴェンヌ人たちが予言者たることが確かだとしても、その結果が私の予定調和の仮説に対立することはないでしょうし、それどころかそれに強く合致するでしょう。(10) つねづね言ってきたのですが、現在は未来をはらんでおり、互いにどれほど遠く離れた事物のあいだにも完全な結びつきがあり、その結果、十分な洞察力のある人なら、一方の事物のなかに他方を読み取ることができるでしょう。宇宙のなかには予言が私たちの天体においてよりもずっとありふれているような天体がある、と主張する人にさえ私は反対しないでしょう。犬が千里離れた獲物のにおいを嗅ぎ分けられるほど鋭い鼻をもっているような世界もあるかもしれませんし、それと同様に、もしかしたら精霊たちが、理性的動物の行動に介入する大きな許可を、この地上でもっているよりも得ているような天体だってあるでしょう。しかし、ここで実際に行われていることについて論じることが問題であるときには、私たちの推定的判断は、私たちの天体の慣習に基づいていなければなりません。そこでは、その種の予言的な見方はきわめて稀なのです。予言者はいないと誓って言うことはできませんが、問題になっている人たちは予言者ではないと断定してもいいだろう、と私には思われます。彼らに有利に判断するよう私を最も強く導く理由の一つは、ファティオ氏(11)の判断でしょうが、彼が何を判断しているのか、新聞からそれを得るのではなく、知る必要があるでしょう。もしあなたご自身が、ギリシア語・ラテン語・フランス語でうまく予言する二千ポンドの年金がある紳士と、適切なあらゆる注意を払って親交をもたれたことがあるならば、文句のつけようがないでしょう。もっとも、彼がうまく操れるのは英語だけですが。このようなわけですから、とても興味深くとても重要な問題について、より多くの説明を私にお送りくださるようお願い申し上げます。ご返答を熱望しております……

ブルゲ宛書簡

ハノーファー、一七一四年一二月(1)

あなたがヘルマン氏(2)を介して私に送ってくださった手紙をようやく受け取り、私の『弁神論』に関するご考察を拝読して大変うれしく思います。私は、可能的なものの観念が、可能的なものを生み出しうる存在者の現実存在の観念を、必然的に前提〔含意〕することは認めます。しかし、そうした存在者がなければ、何ものも可能的ではないであろう、とあなたが付言されるとき、考えていると思われる可能的なものの観念は、そうした存在者の現実存在そのものを前提しているわけではありません。というのも、事物が可能的であるためには、事物を産出しうる存在者が、可能的でさえあれば十分だからです。一般的には、ある存在者が可能的であるためには、その作用因〔作出原因〕が可能的であれば十分なのです。実際に必ず現実存在しているはずの至高の作用因は除外しておきます。だがこれは〈別の要点から見れば〉、必然的存在者が現実存在していなければ、何ものも可能的ではないということです。それは、可能的なものと永遠真理の実在性は、実在的で現実存在する何か、〔つまり神〕に根拠があるはずだからです(3)。

『アストレ』という小説が可能的であるかを知るには、それと宇宙のその他の部分との関連を知らなければならない、ということは認めかねます(4)。それが宇宙と共可能的であるか、したがって、宇宙のどこかの片すみでこの小説がかつて存在し、いま存在し、将来存在するであろうかを知るためには、それは必要でしょう。たしかに、そうした関連がなければ、この小説のための場所もないでしょうから。そして先ほど申し上げたように、可能的を、共可能的という意味で解するならば、可能的でないものは、かつて可能的ではなかったし将来も可能的ではないのは、確かです。ディオドロス、アベラール、ウィクリフ、ホッブズも、頭ではこの考えを思いついていたかもしれませんが(5)、それを十分に解明できなかったのです。しかし、『アストレ』が絶対的な仕方で可能的かどうかは、別のことなのです。それはどんな矛盾も含意していないので、私は「可能的である」と答えます。けれども、それが実際に現実存在するためには、宇宙の他の部分も今あるのとはまったく別様にあらねばならなかったでしょう。そして、宇宙の他の部分が別様にあることは、可能なのです。

あなたが付言しておられる、無限数の可能的諸世界の存在を確かめるためには、そうした諸世界を有限で決定されたものでならと考えるべきだ、というのも認められません。それは、可能的なものを共可能的なものと見なす同じ誤解に起因しています。［まったく］無限なある世界は、ある意味ですべての可能的なものを含んでいる、とあなたが言われるとき、そうした意味でなら、つまり可能的を共可能的と見なすならば、私は認めます。

あなたはまた、無限級数はあらゆる可能的な数を含んでいる、と言っておられます。しかし、私はこれも認めません。平方数の級数は無限ですが、すべての可能的な数を含んでいるわけではありません。

あなたはそこに、宇宙を一つの集合体と考えれば、そのなかに多くの世界がありうるとは言えない、という言葉を付け加えておられます。宇宙があらゆる可能的なものの集合体であるならば、それは真実でしょうが、すべての可能的なものが共可能的であるわけではないので、それは真実ではありません。かくして、宇宙は、ある仕方での共可能的なものの集合体にすぎません。現実の宇宙は、現実存在するあらゆる可能的なものの集合体、すなわち、最も豊かな複合体を形成する可能的なものの集合体なのです。可能的なもののさまざまな組合せがあり、それらのある組合せは他の組合せよりも優れているのですから、多くの可能的な宇宙が存在しているのであって、共可能的なものの各々の集合体が、それら多くの可能的宇宙の一つを構成しているのです。

知性は、現実存在することのない可能的なものを理解すると、なぜ厳密には言えないのか、私にはその理由がまったくわかりません。決して現実存在してこなかった、そしてこれからも決して現実存在することのない幾何学的図形や無理数があるかもしれません。それらはあまり可能的ではないのでしょうか、言い換えれば、認識可能ではないのでしょうか。(6) 神に由来する(とあなたの言う)ものはすべて、必然的に秩序の性格を有しており、したがって、自らの完全性の結果として現実存在することが許されています。これらは、私が認めているあなたのお言葉です。これが示しているのは、最善のもののみが現実存在しているということであって、最善のもののみが可能であるということではありません。さもないと、言葉の意味が変わってしまいます。私が可能的なものと呼ぶのは、それが現実存在になることをそれ以外の諸事物が許容するかどうかは考慮することなく、完全に知解可能なものすべてであり、したがって、本質や観念をもっているものすべてです。

こうして私はここまでは、あなたの反論の正確な分析を行ってきました。この後は、神と知性的被造物の作用、王となる個人、バッカス〔ディオニュソス〕やヘラクレスのような人のインド旅行、罪の可能性などについて、あなたの言っておられることをあれこれ検討する必要はありません。これらの反論は、ポワレ氏(7)の作品を読んで残った影響に起因するように、私には思われます。

しかし、私たちの世界よりも望ましく整然と配列された、悪のない世界は不可能だと言うのはベール氏を勝たせてしまうことである(8)とあなたが言うとき、あなたにそう主張させる理由が私にはよくわかりません。というのも、あなたがそれに付け加えていることには、「なぜなら」も「だから」も含まれていないからです。そういうわけで、私はそれを反論とは見なしません。

あなたは、悪の挿入は神の決定において何の役にも立っていない、と付け加えておられます。これが、悪の考慮は善に匹敵するほど十分大きくはない、と少し後であなたが説明していると思われるような意味で用いられているのであれば、私はそれを認めます。

このように、最大の善を求める傾向が、道徳的悪の容認をやはり引き起こしてきたのです。もっとも、あなたはこのことを形而上学的悪にだけ、あるいはせいぜい何らかの自然学的悪(9)に対してだけお認めになりたいようですが、そうした制限の理由を何ら付け加えてはおられません。

あなたのおっしゃる形而上学的悪について言えば、私はそれを悪とは見なしません。しかし、もしあなたが形而上学的善があることをお認めになるならば、そうした善の欠如が形而上学的悪になるでしょう。知的存在者が、苦痛も罪もなく(したがって、自然学的悪も道徳的悪もなく)自分の良識〔分別〕を失った場合、あなたはそれを悪と見なさないでしょうか。いずれにしても、あなたは単に言葉の意味を変えてしまうだけでしょう。

ですから、私がすでに言ったことについて思いを巡らす労をお取りになっていたならば、あなた自身がそうした疑いのすべてを晴らすことができた、と私は思います。それをあなたにお示しできて、大変うれしく思います。

展開についてあなたのおっしゃることは、非常にうまく述べられていると私には思われます。理性の展開には決して達していないような人間の種子的動物は、理性を包蔵してもいないのです(10)。

私が表象と欲求を定義しているように、すべてのモナドは必ずそれらをもっているはずです。というのも、私が思うに、表象とは単純なもののなかの多の表現であり、欲求とは一つの表象から他の表象へ向かう傾向であるからです。ところで、これら二つのものはすべてのモナドのなかにあります。さもなければ、モナドはその他の諸事物といかなる関係ももたないことになってしまうでしょうから。このことから、あなたがどうやって何らかのスピノザ学説を引き出せるのか、私にはわかりません。それは少し結論を出すのが性急です。反対に、スピノザ学説が打破されるのは、まさしくこのモナドによってなのです。というのも、諸々のモナドが存在するのと同じだけ多くの真の諸実体が、いわばつねに存続する宇宙の生きた鏡が、あるいは凝縮された諸々の宇宙が、存在するからです。それに対して、スピノザによれば、ただ一つの実体しか存在しません[11]。諸々のモナドが存在していないのであれば、彼〔スピノザ〕は正しいでしょう。その場合には、神以外のすべては推移的なものとなり、単なる偶有性や変様のなかに消え去ってしまうでしょう。諸事物のなかに、モナドの現実存在のなかにあるような実体的基礎が存在しないことになってしまうからです。

あなたの考察について言えば、そのいくつかのなかには困難があると思います。すべての継続が始まりを含んでいることを、どのように論証しうる(考察三)のか知りたいものです[12]。幾人かの天使と罪人たる人間だけが知的被造物のすべてである、となぜ主張される(考察八)のでしょうか。考察九であなたが言っていることは、悪によってより大きな善が回復しないことを、証明してはいません。あなたはしばしば命題を提示して、それについて長々と論じておられますが、その論考が含んでいるのは、証明というよりも説明や推断なのです。

神については、宇宙のなかに偶有的なものは何もありません。至福な者の幸福の増大が他の人たちの堕落から生まれるということは、おそらく神の計画のなかにあったかもしれませんが、それが悪を許容する唯一の理由であったわけではありません。悪は、神の計画のなかに、すなわち神の先行的意志[13]のなかに、対象として含まれているのではなく、いくつかの対象の制約として含まれているのです。

ショイヒツァー氏[14]はチューリッヒで彼の状況を改善して、ロシア皇帝[15]に会いに行くため彼の共和国の許可を得る苦労をしましたが、ロシアへの旅行は断念されました。科学がそれによって蒙ることになる損失のために、私はそれを残念に思います。なぜなら、彼はそこで広大な観察の領域を見いだしえたでしょうから。それはいわば処女地[16]でした。

私はまだロシア法の考察に取りかかってはいません。他の人たちがそれに取り組んでいますが、私も彼らがなすであろうことを、おそらくいつか検討するでしょう。ロシア皇帝が戦争から解き放たれたときには、彼は平和の技法のことを立派に考えることでしょう。もっとも、彼はすでにあらかじめそれを大いに考えてはいるでしょうが。彼が法律家を探している、というのは疑わしいと思います。彼は、法律家とともにやっかいな訴訟手続きを導入してしまうことを恐れて、むしろそれなしで済ます気になっているように見えます。私たちのもののような煩瑣な訴訟手続きと、ワジールやトルコのバシャ(17)の統治のような暴力的な統治との、正しい中間を行くのは困難なことです。

あなたが優れたクーペル氏(18)といくらか交流されているのは、大変うれしく思います。彼は、古美術品について当代でおそらく最も物知りの人物です。ご返答を熱望しております……

追伸　微分方程式で未知数を分離する方法についての、あなたのご友人(19)の分析的論考は巧妙だと私には思えますし、彼の考察はもっと詳しく専心研究して解明すべきものです。私は、有理数の方程式を解くことが問題であるときには、この種の方法を、ディオファントス(20)の計算で使われている別の巧みな企てと比べてみます。それがゼンドリーニ氏であるか、あなたのイタリアでの誰か他のご友人であるかは知りません。それが誰であろうと、その方には考慮すべき何かをつくり出す能力があるように見えます。お願いですから、彼に研究を続けるよう勧めてください。しかしながら、求積を引き出すのに不十分な微分のなかに未知数の分離がある、と言わなければなりません。もっとも、これらは習慣的に混同されていますが。

ダンジクール宛書簡

ハノーファー、一七一六年九月一一日[1]

あなたほど数学的才能のある方が哲学的研究にも専念されることを、とてもうれしく思います。それは、哲学を論証的なものにする私の計画にとって助けとなるでしょう。私たちの見解は、互いに大きく離れているわけではないように思われます。正確に言えば、延長する実体など存在しない、と私も考えております。[2] そういうわけで、私は物質を〈実体ではなく実体化されたもの〉と呼んでいるのです。(私が間違っていなければ[3]、たぶん『弁神論』の)どこかの箇所で、理性の抽象的諸規則に注意を払うならば、物質は人を惑わせたりしない、規則正しくかつ正確な現象にすぎない、と私は申しました。真の実体とは、単純な実体、私がモナドと呼んでいるものだけです。しかも、自然のなかには諸々のモナドしか存在せず、それ以外の一切はモナドから生じる現象にすぎない、と私は思います。各々のモナドは、それ自身の視点から見た宇宙の鏡であり、それが支配的モナドとなっているような、有機的身体を構成する多数の他のモナドを伴っています。モナドそれ自身のなかには、表象と、新しい表象や欲求へ向かう傾向しかありません。これはちょうど、現象の世界には形と運動しかないのと同様です。それゆえ、モナドはそれ自身のなかに自らの過去と未来の状態をあらかじめ包蔵しています。その結果、全知の存在者なら、そこにそれらの状態を読み取ることができるでしょう。諸々のモナドは、同一の宇宙の、とはいえ異なった仕方で表現されている宇宙の、鏡であるので、互いに一致しているのです。それはちょうど、宇宙自体は一つの無限の拡散であるけれども、その同一の宇宙が無限に倍加されているようなものです[4]。まさにここに、私の予定調和が存しています。モナド(私たちに知られているものは魂と呼ばれています)は、目的因の法則と欲求の法則に従ってそれ自身から自らの状態を変化させますが、目的因の領域は、現象の領域である作用因の領域と一致しています。しかしながら私は、連続体が幾何学的点から構成されている、と言っているわけではありません。というのも、物質は連続体ではないし、しかも連続的延長は観念的なものにすぎないからです。諸々の可能性から成っている観念的なものは、その内に現実的な諸部分をもってはいません。

完全に精神的〔知性的〕なものは、潜在的に部分を有しているにすぎません。たとえば直線は、それが現実にさらに細かく無限に分割されるかぎりにおいてのみ、現実の諸部分を有しているにすぎませんが、別の次元の事物があれば、現象は、直線が別様にさらに細かく分割されるようにもするでしょう。それはちょうど、完全に精神的〔知性的〕ないし観念的なもので、しかも、たとえば分数のような諸部分に分割可能なものでもある、算術の単位のようなものです。そうした部分は、単位自体のなかには現実には存在しない（さもないと単位が、数のなかには存在しない最小部分に還元されてしまいます）けれども、どのように分数を指示するかに応じて部分が生じるのです。それゆえに私は、こう言っているのです。現実的なものである物質は、モナド、すなわち不可分な単純実体からしか生じないが、延長〔拡がり〕または幾何学的大きさは、単に指示しうるにすぎない可能的諸部分からつくられているのでもないし、点へと分解可能でもない、しかも、点は線の端にすぎず、決して線の部分や構成要素ではない、と。(5)

無限小算法について言えば、私は、ヘルマン氏のニーウェンタイト氏(6)への返答のなかの表現にも、私たちの他の友人たちの表現にもまったく満足しておりません。ノーデ氏(8)がそれに反対しているのも、もっともです。(7)グイ神父および他の人たちがガロア師とフランスで討論したとき、私は彼らにこう証言しました。実際に無限〔大〕の大きさも、実際に無限小の大きさも、存在するとは思っていないし、それらは虚構にすぎないけれども、$\sqrt{(-1)}$ のような、代数における虚根のように、短縮し普遍的に語るのに有用な虚構である、と。たとえば、(1)砂粒の微細な構成要素の直径、(2)砂粒自身の直径、(3)地球の直径、(4)私たちから一つの恒星への距離、(5)諸恒星の体系全体の大きさは、〔それぞれ〕(1)第二段階の微分[9]、(2)第一段階の微分、(3)通常の指示可能な線、(4)無限な線、(5)無限に無限な線、と考えるべきなのです。それらの段階のあいだに、比や大きな間隔がつくられればつくられるほど、それだけ正確さに近づくでしょうし、誤差を小さくできるでしょう。そして、さらには無限の間隔という虚構によって誤差を一挙に取り除くことさえできるでしょう。それは、アルキメデスのやり方でいつも実現されうるものでした。しかし、私がその言葉によって理由を示したとロピタル侯爵[10]が思っていたので、彼らは私に、『ライプツィヒ学術紀要』のある箇所で述べたこと以外は何も言わないように求めたのです。彼らの依頼に従うのは、私にとって容易なことでした。

訳　注

理性に基づく自然と恩寵の原理

（1）　複合的な実体、すなわち物体（身体）を、実体とするか現象とするかについては以前から両方の考え方が見られ、最終的には単純な実体（モナド）のみが実体で、物体は厳密には実体ではなく実体化されたもの、実体化された現象と位置づけられた。実体か現象かという二者択一的な考え方を採らなかったのは、矛盾というよりも、物体が一種の記号と見なされているからである。無限小量という二重の性格（現実的なものか想像的〔虚的〕なものか）をもつ概念とも類似している。無限小量は複雑な対象を指示し特徴づけようとする近似的な記号であり語り方であるにすぎない。複雑な対象を記号的にしか捉えられない人間にとって、どの視点から対象を見るかにより違った現れ方になる。

（2）　『モナドロジー』第一節の訳注（1）参照。

（3）　『モナドロジー』第四―五節参照。

（4）　『モナドロジー』第三節参照。

(5)『モナドロジー』第九、一四、一七節参照。
(6)『モナドロジー』第一五、一七節参照。
(7) 点、中心とそれへの集中、鏡というメタファーは、モナドの単純性とそれのもつ様態の多様性を説明するために用いられている。他には、三角形の一辺とそれに向かい合う共通の頂点の関係としてその辺上に共通の頂点をもつ無数の三角形がつくられるという説明(デ・ボス宛書簡、一七〇九年四月二四日)、実体とそれのもつ無限の表象の多様性との関係という説明(マッソン宛書簡、一七一六年)、パスカルの二つの無限との関連での説明など。
(8)『モナドロジー』第六四節参照。
(9)『モナドロジー』第七八—七九節参照。
(10) ゲルハルト版の se faire étendre ではなく、エルトマン版の se faire entendre に従う。エルトマンによるライプニッツの『哲学著作集』(一八四〇)については、「訳者あとがき」(本書二二八頁)を参照。G. W. Leibniz, *Opera Philosophica* quae exstant latina, gallica, germanica omnia. instruxit Johann Eduard Erdmann, 1840.
(11)『モナドロジー』第一四節、『知性新論』序文、第二部第九章第四節など参照。デカルト派が表象と意識表象を区別できなかったのは、無限小と連続律を考慮しなかったためとも言える。意識されない微小表象と動物の魂については、すでにアルノー宛書簡(一六八七年一〇月九日など)でも述べられている。

(12)『モナドロジー』第二六―二七節参照。

(13)『モナドロジー』第二八節参照。

(14)「自我、実体、魂、精神」（ゲルハルト版）の箇所は、エルトマン版では「自我、実体、モナド、魂、精神」となっている。

(15)『モナドロジー』第二九―三〇節参照。

(16)『新説』第六節（本書一〇〇頁）では、スワンメルダム、マルピーギ、レーウェンフックらが挙げられている。

(17)『モナドロジー』第七四―七五節参照。

(18)『モナドロジー』第八二節と訳注（1）参照。種子（精子）の先在とともに、生き物がより小さな生き物のなかに、動物がより小さな動物のなかに、身体がより小さな身体のなかに予先形成されているにしても、人間の魂が人間の精子的動物のなかに先在しているのではなく、動物的魂は受精によって人間の魂になる、とライプニッツは考えていた。ライプニッツが予先形成の考え方を取り入れるのはかなり早く、すでにパリ滞在期以降に現れている。アルノー宛書簡（一六八六年一一月二八日／一二月八日、一六八七年一〇月九日）、『弁神論』第八六、九一、三九七節、デ・ボス宛書簡（一七〇九年九月八日）など参照。

(19)『モナドロジー』第七三、七六―七七節参照。

(20)『モナドロジー』第六五―七〇節参照。

(21) 新約聖書「コリントの信徒への手紙 二」五・四。
(22) 『モナドロジー』第七一―七二、七七節参照。
(23) もともとの草稿では『原理』は二つの章に分かれていて、ここから第二章が始まっていた。
(24) レムカーによると、概念のより基本的な概念(単純項)への分析という観点からすれば、「何かあるもの」よりも「無」のほうがより単純である。「何かあるもの」という概念は、「存在者〔あるもの〕」と「一〔なるもの〕」が結合してできているように思われる。
(25) 『モナドロジー』第三三節参照。
(26) 『モナドロジー』第三六―三八節、『事物の根本的起源について』参照。
(27) 『モナドロジー』第三八節の訳注(1)参照。
(28) 『モナドロジー』第四二節参照。
(29) 『モナドロジー』第五四節参照。神の知性のなかで諸々の可能的なものは同等の権利をもって現実存在へ向かい、現実存在を要求しているが、すべてが実現されるわけではない。可能的なもの同士の闘争のなかでどれが実現され、どれが実現されないかを決定する形而上学的メカニズムがある。それは、いわば最小の費用で最大の効果を実現するような決定原理、世界の受容能力において最も適した最も多様な事物を実現する原理である(『事物の根本的起源について』)。
(30) 『モナドロジー』第八〇節と訳注(1)(2)を参照。全体的な力だけではなく、部分相互の相対的な力も、外部に対する全体的な方向の力も保存されることは、『力学提要』(第一部)を参照。

力の保存、およびそれによるデカルトの運動量保存の法則への批判は、『形而上学叙説』第一七節、『新説の第一解明』第二〇節など参照。

(31) ライプニッツは、『(ライプツィヒ)学術紀要』(一六八六年三月号)に、『自然法則に関するデカルトおよび他の学者たちの顕著な誤謬についての簡潔な証明』と題する論文を発表し、デカルトの運動量保存の法則(mv の保存)は加速度などを考慮していないと批判して、それに代えて、活力(原動力)保存の法則(mv^2 の保存)を提起した。これはデカルト派からの激しい反発を生み、論争は次の一八世紀中続いた。今日のエネルギー概念の源泉とも言える。前訳注(30)、および『モナドロジー』第八〇節、『物体と原動力の本性について』第一一、一二節(本書一二六―一二九頁)と訳注(14)(15)(16)(同二〇三頁)を参照。

(32) ゲルハルト版の révélées ではなく、エルトマン版の relevées に従う。『モナドロジー』第二四―二五節参照。

(33) 『モナドロジー』第六〇―六一節、『知性新論』序文参照。

(34) 「至るところに中心があって円周がどこにもない無限の球」という言い方は、神のイメージ、無限の宇宙のイメージとして、古代ギリシアのピュタゴラス派や新プラトン派から、ルネサンス期のクザーヌスやブルーノを経て、パスカル、ライプニッツ、そしてドイツ・ロマン派へと受け継がれていった。

(35) 旧約聖書外典「ソロモンの知恵」(ウルガータ版第一一節)。パスカルの『幾何学的精神について』にも、「神はすべてのものを重さと数と量〔長さ〕とによって造られた」という言及があり、一七世紀当時にはしばしば使われた表現であった。
(36)『モナドロジー』第八四—八九節参照。
(37)『モナドロジー』第九〇節参照。
(38)『認識、真理、観念についての省察』、『知性新論』第二部第八章第一五節参照。
(39)ストア派との比較については、『弁神論』第二五四節など参照。
(40)アルノー宛書簡(一六九〇年三月二三日)参照。
(41)「永遠に続く前進」については、『事物の根本的起源について』、『哲学者の告白』(一六七二—七三)など参照。レモン宛書簡(一七〇四年八月)には、「永遠に続く哲学」とある。

実体の本性と実体間の交渉ならびに魂と身体のあいだにある結合についての新説

(1)ライプニッツ自身の注では、「アルノー氏」とある。アントワーヌ・アルノー(一六一二—一六九四)は、デカルトの『省察』への反論や「観念」を巡るマルブランシュとの論争で有名な、一七世紀フランスのジャンセニスムの中心的な哲学者・神学者。この後に出る「ある高貴な方」というのはエルンスト・フォン・ヘッセン゠ラインフェルス方伯(一六二三—一六九三)。方伯はプロテスタントであったが、後にカトリックに改宗した人物で、カトリックとプロテスタントの教会再統一にも熱心であった。ライプニッツは一六七九年、ハノーファーを訪れた方伯にハノーファーの図書館で初めて会い文通が始まる。ライプニッツの教会合同の計画も方伯が機縁となっている。

(2) 公にされた論文としては、一六九五年四月に雑誌『学術紀要』に載った『力学提要』と思われるが、フレモンは『物体的自然の力能と法則に関する力学』(一六八九、未刊)を挙げている。

(3) 『新説』の最初の草稿では次のように、力について詳しく説明されている。力もしくは力能とは、潜勢力ではない。潜勢力は作用することの直接的可能性にすぎず、それ自身いわば死んだ能力であるので、外から刺激されなければ決して作用を生み出さない。力とは、潜勢力と作用との中間のもので、努力、実現作用、エンテレケイアが内蔵されている。何も妨げるものがないかぎり、力はそれ自身から作用へと移行する。力は実体を構成するものであり、作用の原理である。『第一哲学の改善と実体概念』(一六九四)にも同様の説明がある。

(4) デカルト、およびデカルト派。ライプニッツは、動物も感覚をもち非物質的な魂をもっていると考え、デカルト派の人たちはそれに気づかず、「ありそうもないのに、しかも常識に反して、動物の感覚さえも拒否せざるをえなくなった」と批判している(『知性新論』序文)。

(5) 「実体的形相」とは、アリストテレスに由来し、スコラ派で用いられてきた用語。無規定の物質(質料)と結びついて、一定の種の個体的実体を構成する原理。デカルトはそうしたものなど物質の内にはない(『方法序説』第一、五部など)と批判し、デカルト派やベールなどもそれに続いた。近代において個々の現象の説明に実体的形相を用いることは、古い蒙昧なものと見なされた。

(6) たとえば、アリストテレス『霊魂論(デ・アニマ)』第二巻第一章。ライプニッツはアリストテレスやスコラ学から脱して近代の哲学・数学に専念していた頃は、アリストテレスのエンテレケイアを曖昧な概念として否定的に捉えていた(『認識、真理、観念についての省察』)が、その後、真の一性を見いだすためにエンテレケイアを復活させた。

(7) ライプニッツは、おそらくトマスの『神学大全』第一部第七六問題第八項の箇所を念頭において、動物の魂は不可分と言っているようだが、これは思い違い、または不正確である。トマスの見解では、人間の魂は不滅であるのに対して、動物の魂は身体から離れては存在できず、身体とともに死滅する(『神学大全』第一部第七五問題第六項、『対異教徒大全』第二部第七九、八二章)。

(8) アルベルトゥス・マグヌス(一二〇〇(あるいは一一九三以降)―一二八〇)はドイツのスコラ学者。ジョン・ベーコンまたはベーコンソープ(一二九〇頃―一三四六/四七頃)はイギリスのスコラ学者。一五五一年リヨンで出版されたアルベルトゥス・マグヌスの著作をライプニッツは見ていたのかもしれない。

(9) ピエール・ガッサンディ(一五九二―一六五五)はフランスの哲学者・科学者で、コレージュ・ロワイヤル(コレージュ・ド・フランスの前身)数学教授。古代ギリシアのエピクロスの原子説を近代思想に合わせて復活させようとしたが、原子説をキリスト教と両立させるために、原子に永遠性を帰属させず、魂が不滅だとした。ガッサンディ派としてライプニッツはしばしばコルドモア(後訳注(21)参照)の名を挙げている。原子と形相の持続を比較する議論は、『形而上学叙説』第三四節にも見られる。

(10)『モナドロジー』第八九節参照。

(11)最初雑誌に発表された際は「物質的魂」という言い方であったが(エルトマン版)、後に「動物的魂」と訂正された(ゲルハルト版)。

(12)形質(espèces)という語は、もともとはキケロがプラトンのイデアをspeciesまたはformaとラテン語訳したことに由来する。非物質的な精神は物質的な実在をいかに認知・認識しうるかという問題に答えるために、直接的には答えられないにしても、両者を媒介する間接的な説明原理として中世哲学において用いられたのがスペキエス(形質)という概念で、感性的形質と可知的形質に区分された。

(13)ヤン・スワンメルダム(一六三七—一六八〇)はオランダの生物学者。マルチェロ・マルピーギ(一六二八—一六九四)はイタリアの解剖学者。アントニ・ファン・レーウェンフック(一六三二—一七二三)はオランダの生物学者。ライプニッツは彼らを顕微鏡による観察や発生学の先駆者として言及している。

(14)『真理の探究』の著者はマルブランシュ。ライプニッツが考えているであろう箇所としては、

『真理の探究』第一巻第六章、第二巻第七章、第一六解明、最終解明第三八―三九節など(フレモンの注)。ピエール＝シルヴァン・レジスまたはルロワ(一六三二―一七〇七)はフランスの哲学者。デカルト哲学を解説し普及させたが、デカルト自身はそれを認めていなかった。また、ライプニッツを激しく批判した。ニコラス・ハルトスケル(一六五六―一七二五)はオランダの自然学者で、ライプニッツと自然の本性について文通した。

(15) ライプニッツによれば、プロティノスが蘇生の説をデモクリトスに帰しており(『唯一の普遍的精神の説についての考察』)、デモクリトスでさえ来世の生への望みを抱いていたが(『知性新論』第一部第一章)、魂の不死と原子論は両立しがたい。プリニウス(二三／二四―七九)はローマの文人・博物学者。デモクリトスは蘇生という誤った説を唱えたが、彼自身は蘇生しなかった(『博物誌』第七巻第五五章)、とプリニウスは嘲笑したという。

(16) ゲルハルト版で「通常の身体(corps ordinaire)」とある箇所は、エルトマン版では「通常の経過(cours ordinaire)」となっている。

(17) ヒポクラテス(前四六〇頃―前三七五頃)は、古代ギリシアの医学の祖として有名。ただし『養生法について』がヒポクラテスのものであるかは疑わしい。

(18) アリストテレス『天体論』第三巻第一章。アリストテレスによれば、パルメニデスとメリッソスは一般に生成と消滅とを否定した。存在するものはどれも生成したり消滅したりせず、ただそのように見えるにすぎないと彼らが言っているのは、不変不動の実在が存在しなければならないという考えを感覚物のうえにも移したにすぎない。パルメニデスは紀元前五世紀の古代ギリシアのエレア派の哲学者で、メリッソス(紀元前五世紀)はその弟子にあたり、変化や生成消滅を否定した。一者の永遠の存在のみが主張され実体の複数性は否定されるので、ライプニッツの見解とはかなり異なっている。同様の言及がアルノー宛書簡(一六八七年一〇月九日)にも見られる。

(19) ベルナール・フォントネル(一六五七—一七五七)のこと。この箇所は最初(雑誌では)「『世界の複数性についての対話』の著者」であったが、「ある非常に学識ある人」と訂正された。長くパリの科学アカデミーの秘書を務め、ライプニッツが死去した際、(仕事として)ライプニッツへの讃辞を書いた。『ゾフィー宛書簡』の訳注(12)(本書二〇五—二〇六頁)を参照。

(20) 『モナドロジー』第六四節参照。

(21) ジェロー・ド・コルドモア(一六二〇—一六八四)はフランスのデカルト派哲学者・歴史家。コルドモアがデカルトから離れて原子論と機会原因論に向かったことは随所で述べられている。たとえば、アルノー宛書簡(一六八六年一一月二八日/一二月八日)など。

(22) 形而上学的点、数学的点、物理的点の区別については、『ダンジクール宛書簡』(本書一八二—一八五頁)を参照。

(23) ライプニッツはその箇所を明示していないが、考えられるのはデカルトのエリザベト宛書簡(一六四三年六月二八日)であろう。

(24) 機会原因論者としてライプニッツが考えているのはおそらく、マルブランシュのほかには、コルドモア、ルイ・ド・ラ・フォルジュ(一六三二―一六六六)など。

(25) ライプニッツは機械原因論を、機械仕掛けの神を呼び出すとか、奇蹟に頼ることだと批判している。『新説の第二解明(バナージュ・ド・ボヴァル宛の手紙の後書き)』(一六九六)では、二つの実体の交渉もしくは調和(魂と身体の調和)について、有名な時計の比喩で次のように説明されている。二つの置き時計または懐中時計があって完全に一致していると想像するならば、それには三つの仕方が想定される。第一は相互の影響・作用によるという説明(影響の途)であるが、これは物質的形質による説明と同じで、考えられない。第二はどちらかの時計が進むか遅れるかすると、そのつど職人が合わせに来るというもの(助力の途)であり、これは可能ではあるが機械仕掛けの神に頼る説明に他ならず、機会原因論はこれにあたる。第三は最初から狂うことのない正確な時計がつくられていたために一致しているというもの(予定調和の途)で、これが予定調和説である。時計をつくる、魂と身体をつくるのが神であるならば、どの説明が相応しいかというと、予定調和説しかありえない。

(26) アビラの聖テレサ(一五一五―一五八二)のこと。『形而上学叙説』第三二節、モレル宛書簡(一六九六年一二月一〇日)参照。

(27) 前訳注(12)、および『モナドロジー』第七節と訳注(2)参照。

(28) 「動物精気」は、デカルトによれば、血液の活発で微細な良質の部分。ガレノス系の医学では、自然精気、生命精気、動物精気の三つがあったが、デカルトは最終的に、動物精気のみを残し、人体の機能、とりわけ脳の活動の説明に用いた。『情念論』第一部第一〇節など。

(29)「一致の仮説」とは、最初の草稿では「対応説」と言われ、『新説の第一解明』(一六九五)で初めて「予定調和」と言われることになる。

(30)これはホッブズ(『弁神論』第二付録「ホッブズ論」第一節)を暗示しているのかもしれないし、スピノザ(『エチカ』第一部付録)を暗示しているのかもしれない。

(31)物体の運動から出発し万物の調和によって神の存在を証明するという考えは、すでに一六六八年の『無神論者に対する自然の信仰告白』から見られる。『原理』第一一節(本書八七―八八頁)参照。

(32)『力学』が何を指すのか明示されていないので特定はできないが、発表されたものとしてはおそらく、『新説』(一六九五年六月)より二ヵ月ほど前に『学術紀要』に発表された、『力学提要』(一六九五年四月)が考えられる。

(33)天体同士の運動も、物体同士の運動や衝突も相互的な変化であるので、どちらが動かしどちらが動かされるのかを決定することはできない。現象としての運動は単なる関係のなかに成り立ち、異なった仮説(天動説・地動説・折衷的なティコの体系)、異なった視点によって同様に解釈可能である。太陽が地球の周りを回っていると言うことも、地球が太陽の周りを回っていると言うことも同様に可能である。ライプニッツはこうした考えでデカルトを批判すると同時に、ニュートンをも批判している。『力学提要』(第二部)、『コペルニクス主義と運動の相対性について』

(一六八九)、『デカルトの原理の一般的部分に対する批評』第二部第二五節など参照。

付録

物体と原動力の本性について(抄訳)

(1) このラテン語論文にもともと題名はついていないが、仏訳、英訳に倣って、「物体と原動力の本性について」という題名をつけ、段落ごとに番号を付した(一部省略)。物質、延長(拡がり)、力(能動的力・受動的力、原初的力・派生的力)についてコンパクトな形で説明されている。

(2) 『学術紀要』に掲載されたものとしては、『重さの原因について、ならびにデカルト派に対して真の自然法則についての著者の弁明』(一六九〇)、『デカルト派に対して自然法則について、ならびに原動力の真の算定について』(一六九一)、『力学提要』(第一部、一六九五)などがある。

(3) アリストテレスは、濃密化と稀薄化によって事物の占める場所・空間が増減する、物体が稀薄であるほど多くの空間を占め、濃密であるほど空間を占めないと考えた(『自然学』第八巻第七章)。デカルトは、物質と延長(拡がり)を同一視するために、稀薄化と濃密化を物体の延長の増減と見なすことはできず、稀薄化した物体の隙間を他の物体が満たしている現象にすぎないとした(『世界論』第四章)。

（4）『モナドロジー』第一八―一九節参照。

（5）自然学に隠れた性質を持ち込むような者を指している。時計は歯車の必要もなく時間指示能力によって時を刻むとか、製粉機は碾臼《ひきうす》を必要とせずに粉砕能力によって穀物を砕く（『知性新論』序文末尾）、といったように、アリストテレス派の能力という考え方や、新プラトン派の生気論を濫用して、隠れた性質に訴えて現象を説明しようとするスコラ学者や医者たちをライプニッツは批判している。

（6）ライプニッツによれば、空間と時間は観念的なものであって実体ではない。現実存在するものについても、可能的なものについても、空間は共存の秩序であり、時間は継起の秩序である。『知性新論』第二部第一三―一四章など参照。

（7）デカルトのド・ボーヌ宛書簡（一六三九年四月三〇日）、ニューカッスル侯爵宛書簡（一六四八年四月）。物体が静止しているとき、または等速直線運動をしているとき、物体がその状態を保存する傾向が慣性である。ケプラーは、物質は運動に反抗すると考え、物体が静止を保つ傾向や運動している物体が静止に向かう傾向を自然的慣性とし、ガリレオは、静止だけでなく運動も物体の自然的状態であるとした。デカルトは最初、物質の性質としての慣性を認めなかったが（メルセンヌ宛書簡、一六三八年一二月）、後に、静止している物体は静止し続け、運動している物体は運動し続ける、と慣性を認めた（『哲学原理』第二部第三七―三八節）。ライプニッツは物体に内在する力という意味で慣性を捉えている。

(8) コナトゥスは微分的なものであり、方向をもった瞬間的で潜在的な速度、つまり加速度であるのに対して、その積分が実在的速度を生みインペトゥスを構成する。インペトゥスは現実的ではあるが瞬間的なものでもあり、時間において展開する実在的運動の要素である。ガリレオの運動への傾向としてのインペトゥスは、ライプニッツのコナトゥスにあたる。

(9) 『運動の合成の一般的規則』(一六九三)。

(10) 動かされるもの(投射体)が運動し続けるためには、動かすものの連続的な存在や、媒体としての(最初の動かすものに動かされて投射体を動かす)空気を必要とするというのは、アリストテレスの見解(『自然学』第八巻第一〇章)。

(11) 「投石機〔大砲〕の球」と訳した原語は pilae tormentariae. tormentum は通常は投石機、大砲、飛び道具、放水機といった意味で、pila(ピラ)は球(玉)だが、pila(ピーラ)は柱を意味する。動詞 torqueo は、投げる、発射するのほかに、向きを変える、転がす、といった意味もあるので、pilae tormentariae は、水を裂き渦をつくり出す橋の橋脚、といった意味にもなる(『デカルトの原理の一般的部分への批評』第二部第四四節)。また、固体と同様に、流体である水も凝集力が少ないとはいえ弾性的な物体であって、跳ね返る球の弾性が、ライプニッツが物体を捉えるモデルとなっている。

(12) 弾性は活力の自発性を最もよく表現するものであり、固体も流体もすべての物体が弾性的であるので、硬い物体と軟らかい物体、弾性的な物体とそうでない物体とを区別する必要はない

（『力学試論』）。そうした自然法則のうち「第一は宇宙における絶対的な力の保存つまり原動作用の保存の法則」、「第二は連続の法則」である。

(13)「認可」の原語は determinatio. 法律の場面では争議の裁定、中世から近世の大学で進級の際に課せられた口述試験（討論）といった意味でも使われた。物体の運動は本来（実質的には）物体固有の内的力の発現であり、外部からの衝撃は単にその形式的な機会にすぎない。

(14) デカルトが運動量と力を混同する誤謬を犯した原因は、平衡状態（静止状態、加速度のない状態）という特殊な場合を一般化したためであった。運動量は質量と速度の積（mv）で算定されるが、力は、それが産出しうる効果、つまり質量と速度の二乗との積（mv^2）によって算定されなければならない。『自然法則に関するデカルトおよび他の学者たちの顕著な誤謬についての簡潔な証明』、『力学試論』参照。

(15) おそらく、『物体的自然の力能と法則に関する力学』を指している。『力学試論』などにも同様の説明がある。

(16) マルブランシュのこと。運動法則（衝突の規則）に関するライプニッツのマルブランシュ批判は、『力学試論』、『力学提要』（第二部）、書簡など、随所で見られる。

(17) ゲルハルト版では、この一節にはカギ括弧がついている。

(18) この段落は、ライプニッツが後で付け加えた注。

(19) たとえば、デカルト『気象学』第一講の末尾。

ゾフィー宛書簡

(1) ライプニッツは一六七六年から亡くなるまでの四〇年を北ドイツのハノーファーで宮廷顧問官として過ごし、三代の君主に仕えた。ヨハン・フリードリッヒ、エルンスト・アウグスト、ゲオルク・ルートヴィッヒである。エルンスト・アウグストの后妃がゾフィー(一六三〇—一七一四)。ゾフィーの母は、英国王ジェームズ一世の娘エリザベス・スチュアートで、父はプファルツ選帝侯フリードリッヒ五世。フリードリッヒ五世は当時の三十年戦争においてプロテスタント側の希望の星であり、ボヘミア王位も継承したが、しかし一六二〇年カトリック軍に大敗を喫し、結果領地を失い、オランダのハーグで亡命生活を送った。ゾフィーの姉エリザベトはデカルトとの交流で知られる。ゾフィーはライプニッツの数少ない理解者であり、庇護者でもあった。

(2) ゾフィーの兄カール・ルートヴィッヒの娘で、オルレアン公フィリップ(ルイ一四世の弟)に嫁いだエリザベト・シャルロッテ(一六五二—一七二二)。

(3) 『新説』を指す。

(4) たとえばロピタル侯爵(ライプニッツ宛書簡、一六九五年九月三日)。ロピタル侯爵ギヨーム・フランソワ・アントワーヌ(一六六一—一七〇四)はフランスの数学者。

(5) ライプニッツの常として、書簡でしばしばアルノーの態度を自分に有利に解釈している。

(6) 『曲線の理解のための無限小の解析』(パリ、一六九六)。ロピタル侯爵による、ライプニッツの概念に則した無限小計算の体系的論考。

（7）レーウェンフックの顕微鏡による業績が背景にある。レーウェンフックについては、『新説』訳注（13）（本書一九五頁）を参照。

（8）原語は sentiment.

（9）『原理』第六節（本書八三―八四頁）を参照。

（10）この表現は随所で見られる（モレル宛書簡、一六九八年五月など）。

（11）デカルトとデカルト派の動物機械論によれば、魂をもつのは人間だけであり、動物には魂はなく、機械論で説明できる身体をもつのみである。ゾフィーは一六九六年一一月初めにライプニッツへの書簡（ドイツ語）で、デカルトの見解に凝り固まった生来執着心の強い聖職者を当惑させ、怒らせてしまったエピソードを書いている。「あなたは執着心が強いのだから、あなたは機械なのか、人間なのか。私の犬たちよりも執着心の強い人を誰も私は知らないので、それが機械の運動なのか、魂の情念なのか知りたいものだ」とゾフィーが言うと、彼は非常に怒って答えずに出ていってしまった。ゲルハルト版で、「人間なのか機械なのか」と問われて困ってしまった犬というのは、上記の聖職者を示唆すると思われる。

（12）フォントネルは、デカルト派リベルタンの代表的存在で、最初の啓蒙思想家といわれる。『世界の複数性についての対話』（一六八六）は、コペルニクスの地動説とデカルトの渦動説とをミックスさせた新しい宇宙論を展開する。「系」の複数性をテーマとし、多くの恒星のそれぞれが太陽系に似た一つの世界の中心であり、地球のように人間の住む世界がほかにも多数ありうるという仮説を繰り広げる。全巻、哲学者と侯爵夫人の対話から成り立っている。

(13) 機械論と自然の尊厳、およびフォントネルのこの著作については、『新説』第一〇節(本書一〇四頁)で述べられている。

ゾフィー・シャルロッテ宛書簡

(1) ゾフィー・シャルロッテ(一六六八―一七〇五)はゾフィーの娘。一六歳でブランデンブルク選帝侯(後の初代プロイセン国王フリードリッヒ一世)に嫁ぎ、後のフリードリッヒ大王の祖母。ライプニッツを頻繁にベルリンに招いて交流を深め、庇護者として彼のさまざまな計画に多大な理解と援助を与える。二人の談論はのちに『弁神論』執筆の契機となる。

(2) ド・ペルニッツ嬢はゾフィー・シャルロッテの侍女。先の手紙でゾフィー・シャルロッテは、彼女が癌ではないかと心配していたが、回復し、そうでないことがわかって安堵した。

(3) カドワースとその『知的体系』については、『生命の原理と形成的自然』の訳注(1)(4)(本書二〇八、二〇九頁)を参照。

(4) ベール『歴史批評辞典』(一六九六)のこと。邦訳は、野沢協訳『ピエール・ベール著作集』第三―五巻、法政大学出版局、一九八二―八七。『モナドロジー』第一六節と訳注(2)参照。

(5) 『新説』を指す。

（6）①一六八三年にフランスで上演されたファトゥヴィル『月の帝王アルルカン』の終幕で、登場人物すべてがこの台詞を語る。この芝居の原案は、シラノ・ド・ベルジュラック（一六一九―一六五五）の『月の諸国諸帝国の滑稽物語』（友人ル・ブレにより一六五七年刊行）といわれる（ただしこれについては後年シラノの未削除写本が複数発見され、『別世界または月の諸国諸帝国』のタイトルをもつ。岩波文庫『日月《じつげつ》両世界旅行記』赤木昭三訳、二〇〇五に収録）。②ライプニッツでこの表現は随所に用いられ（『知性新論』第四部第一六章第一二節、第四部第一七章第一六節など）、自然の単純性、斉一性と連続性を示す象徴的表現となっている。そこには「驚くべき単純性と斉一性」が認められ、「完全性の度合いを別にすれば、事物はいつでもどこでも同じ」というように（同、第一部第一章）。なお「アルルカン」は、イタリアの即興喜劇コメディア・デラルテの登場人物アルレッキーノが、フランスに入ってアルルカンと呼ばれた。歴史を遡ると、キリスト教から排除された民衆レベルの祖先崇拝の死者信仰が、中世俗信で悪魔化したアルルカンとなり、後に道化化してアルレッキーノ（伊）、アルルカン（仏）、ハーレクイン（英）となったという。

（7）perception. ゲルハルト版では perfection.

（8）アレクサンドロス大王の東征中の逸話。神殿に祀られていた古い戦車が「ゴルディオスの結び目」と言われる複雑に絡みあった縄で結わえられていて、「この結び目を解いた者がアジアの支配者になる」という伝説があった。アレクサンドロスは腰の剣をふり上げ、一刀のもとに結び目を切断した。

(9) 心身についてのマルブランシュとデカルトの考え方に対しては、『新説』で根本的に批判している。

(10) 原文はイタリア語。最初にSerafino Aquilano(一四六六—一五〇〇)というスペインの詩人が用い、中世以降、ポピュラーになった。タッソー(一五四四—一五九五)はイタリアの詩人。

生命の原理と形成的自然についての考察、予定調和の説の著者による

(1) 機械論と生命の原理についてのライプニッツとベールの論争は、ライプニッツの『新説』とそれに対するベールの批判が特に『歴史批評辞典』の「ロラリウス」の項で見られた。ジャン・ルクレールは主宰する『精選文庫』に、レイフ・カドワースの『宇宙の真の知的体系(*True Intellectual System of the Univers*)』(一六七八)の仏訳を掲載し、これに反対する立場のベールと、これを支持するルクレールとのあいだに論争が起こる。ライプニッツもそこに加わり、『学芸著作史』に、その編者バナージュ・ド・ボヴァル宛の書簡として掲載されたのが本稿である。

(2) ベールの『辞典』、「ロラリウス」については、『モナドロジー』第一六節の訳注(3)を参照。

(3) レギウス宛書簡(一六四二年一月)で、魂は実在的かつ実体的に身体に結びついている、とデカルトは言う。ヘンリクス・レギウス(一五九八—一六七九)はデカルトの弟子だったが次第に唯

物論に傾き、デカルトと激しく論争した。

(4)　生気論的立場のレイフ・カドワース(一六一七—一六八八)やヘンリー・モア(一六一四—一六八七)を指す。形成的自然(plastic nature)とは、カドワースによれば、動植物のもつ、自らを有機的に「形成」していく自然本性のことである。動植物の身体は、成長とともに有機的組織へと自然に「形成」されていくが、そういう「自然本性(nature)」をカドワースは「形成的自然」と呼んだ。

(5)　原質(archée, archeus)はパラケルスス(一四九三—一五四一)やヤン・バプティスタ・ファン・ヘルモント(一五七七?—一六四四)の用語で、宇宙の生命的原理のこと。「質料を支配する原理(principium hylarchicum)」は、ヘンリー・モアの『形而上学提要』(ロンドン、一六七一)第一三章にあり、そこでは「自然精神(spiritus naturae)」とも呼ばれる。モアによれば、魂には「種子的理性」「動物の魂」「人間の魂」「天使の魂(精神)」の四種があり、最も低次の「種子的理性」があらゆる有機物のうちにあって、モアはこれを形成力(plastic powers)とも呼んだ。

(6)　マルブランシュ『真理の探究』第二巻第四章。

(7)　機会原因論に対して、それが永遠の奇蹟に依拠している、というのがライプニッツの初期からの批判。

(8)　ベールは『辞典』(第二版、一七〇二)の「ロラリウス」の項で、予定調和説の著者の知性と能力の高さを讃えている。

(9) ガッサンディ主義者たちは古代の原子論を復活させ、ホッブズは物体について純粋な機械論を提示していた。

(10) 運動し変化するすべてのものを根拠づける、それ自身は永遠不動の第一原理。アリストテレスの用語。

(11) カドワースは『宇宙の真の知的体系』の第三章第三六項で、形成的自然について、動物の魂と同一ではないが、それを用いる動物にも人間にも能動的な手立てとなる、としている。動物の魂についての論争の基点については、『モナドロジー』第一六節の訳注(3)を参照。

(12) アルノー宛書簡(一六八七年一〇月九日)、『モナドロジー』第一四節参照。

(13) 自然は飛躍しない、とライプニッツは言い、その連続律は、形相の間の断絶や空虚を認めない(『知性新論』第三部第六章第一二節)。ライプニッツにとって存在の全階梯は、可能的には充満していなければならない。

(14) 前訳注(5)のヤン・バプティスタ・ファン・ヘルモントの息子で、化学者フランシスクス・メルクリウス・ファン・ヘルモント(一六一四—一六九九)。

(15) 一六七八年にパリで「ギヨーム・ヴァンデルによって」刊行された『哲学的省察』の著者とは、マルブランシュによれば(ライプニッツ宛書簡、一六七九年七月三一日)、ラニオン師(abbé de Lanion)(一六五〇—一七〇六)。ギヨーム・ヴァンデルはラニオンのペンネーム。フランスのデカルト主義者で、ベールとの文通によっても知られる。

(16) マルピーギ、スワンメルダム、レーウェンフックの実験と経験が示唆されている。『新説』第六節以下を参照。

(17) カドワース『宇宙の真の知的体系』第三章第三六項。ライプニッツはカドワースの娘マサム夫人と文通し、さまざまな議論をしているが(『ゾフィー・シャルロッテ宛書簡』参照)、関連する議論は、マサム夫人宛書簡(一七〇五年七月一〇日)を参照。

(18) デカルトの『人間論』(一六三三)では、人間の発生についてはほとんど触れられていない。ただし晩年には「人体の記述」という手稿があり(最初の刊行は死後の一六六四年)、胎児の形成などに関心を寄せている。

(19) ジュール・セザール・スカリジェル(ユリウス・カエサル・スカリゲル)(一四八四―一五五八)は、イタリアで生まれフランスに移住した文献学者・医者。スカリジェルやファン・ヘルモントは、原質《アルケー》によって魂が自らの体をつくる、と説明した(『知性新論』第一部第一章、第二部第二七章など参照)。

(20) Non mi bisogna, e non mi basta. イタリア語のこの言葉はスウェーデン女王クリスティナ(一六二六―一六八九)のもので、宝冠のメダルに記されていたとされる(『弁神論』緒論第五六節)。クリスティナは学問・芸術に強い熱意と知識をもち、デカルトらをストックホルムに招いた。一六五四年カトリックに改宗し、王位を従兄に譲ってローマへ移り、社交界で活躍し政治にも介入した。

(21) ライプニッツが好んで用いるこの台詞については、『ゾフィー・シャルロッテ宛書簡』の訳注(6)(本書二〇七頁)を参照。

コスト宛書簡

(1) ピエール・コスト(一六六八―一七四七)は、フランス生まれのプロテスタント(ユグノー)の牧師、亡命者。ナントの勅令の廃止後、しばらくスイスとオランダに住んだあと、一六九七年マサム夫人の子息の家庭教師としてイギリスに渡り、ロックの作品のフランス語への翻訳者となる。一七〇〇年に刊行されたコストによるロック『人間知性論』の仏訳は、すぐにライプニッツの関心を引き、それをもとにしてライプニッツは『人間知性新論』を書いた。ロック以外にも、シャフツベリやニュートンのようなイギリスの著作家の作品を仏訳し、イギリス哲学をヨーロッパに伝えた。

(2) コストは一七〇七年四月二〇日に、自分がロックの考えに基づいて、一七〇〇年に刊行した『人間知性論』の仏訳を改訂していることをライプニッツに伝え、誤りの訂正を送った。

(3) フィリップ・ファン・リンボルク(一六三三―一七一二)はオランダのプロテスタント神学者で、アルミニウス派(カルヴァンに反対した抗議派)。リンボルクはロックの『寛容についての書簡』を批判し、ロックは彼の反論に答えるために、『人間知性論』第二巻第二一章第七一―七二節を書き加えた。

(4)　必然性と自由の問題(人間の自由・偶然性と、神の予定・人間に救いを与える際の神の正義とはいかに共存しうるか)は、人間の理性を迷わせる名高い二つの迷宮のうちの一つで、他方の迷宮は連続の合成という問題であり(『弁神論』序文、緒論第二四節、『モナドロジー』第一節の訳注(2)参照)、二つの迷宮は無限という同一の源泉から生じる(『自由について』一六八九?)。ドゥルーズも『襞《ひだ》』の冒頭の章でこの問題を取り上げている。

(5)　一六世紀イタリアのレリオ・ソッツィーニ(一五二五—一五六二)とその甥ファウスト・ソッツィーニ(一五三九—一六〇四)が始めたプロテスタントの一派。極端な聖書主義とデカルト流の理性主義を合体させ、三位一体、原罪、贖罪などの従来の教義を否定する一方で、ルターやカルヴァンの予定説にも反対した。最初ポーランドなど東欧に広まったが、カトリック、プロテスタント両派から攻撃されて追放され、一七世紀後半以降はオランダおよびイギリスに移った。被造物の自由を肯定する一方で、必然的なもののなかでなければ、神が未来の認識をもつことをも否定した。ライプニッツは、未来のこと、とりわけ自由な被造物の未来の決心について確実に知ることのない彼らの考える神は、万物の作者に似つかわしくなく、無知で無能だ、と批判している(『弁神論』第三六四節)。

(6)　空想的(chimérique)という言葉は、架空で不条理、それ自体において矛盾している、不可能、といったことを意味している。ライプニッツは、神における無差別の自由の支持者として、モリナ主義者(『弁神論』第四八節)、ドゥンス・スコトゥス(同、第三三二節)、デカルト(同、第五〇、三六五節）などを挙げている。

（7） 無差別の自由は、事実の真理が従っている十分な理由の原理に違反する。神における自由と均衡的無差別については、『弁神論』第一九九、二八〇節などを参照。

（8） ビュリダンの驢馬《ろば》とは、そっくり同じ草山のちょうど中間に置かれた驢馬はいずれの側に向かうか決められずに餓死してしまうという話。ライプニッツから見れば不可能な虚構にすぎず、現実にはそうした均衡状態はありえない。『弁神論』第四九、三〇三―三〇七節など参照。ジャン・ビュリダン（一三〇〇頃―一三五八頃）はフランスの唯名論のスコラ学者で、オッカムの弟子であるが、ビュリダンの著作にはこの話は見いだされないようである。

（9） おそらく『魂と身体の結合についての新説のなかにベール氏が見いだした難点の解明』（一六九八）を指していると思われる。

（10） 魂の自発性と神の被造物への奇蹟的作用に関する説については、セヴェンヌ地方のプロテスタント亡命者（ナントの勅令廃止後に追放されたカミザール〔弾圧に抗して蜂起した南仏セヴェンヌ地方の農民・カルヴァン派新教徒〕）が行う予言的説教に関するロンドンからの情報を、コストがライプニッツに伝えた。ライプニッツは狂信を疑っていたが、予言的認識の価値をすべて否定していたわけではない（『知性新論』第四部第一九章）。

（11） ファティオ・ド・デュイリエ（一六六四―一七五三）はロンドン王立協会会員で、微積分計算の発見をライプニッツよりもむしろニュートンに帰し、優先権論争の原因をつくった。カミザールの熱心な支持者で、一七〇七年に捕えられ晒し台《ピロリー》にさらされた。ライプニッツがこの後で、「ギリシア語・ラテン語・フランス語でうまく予言する二千ポンドの年金がある紳士」と言っているのは、ファティオ氏に対する皮肉、当てこすりであろう。

ブルゲ宛書簡

（1）ルイ・ブルゲ（一六七八―一七四二）は、商人であったが広い関心をもつ学者でもあった。一七一一年から一五年までヴェネチアで暮らし、一七〇九年から一六年にかけてライプニッツと文通した。この手紙は、ライプニッツの『弁神論』についてのブルゲの考察に応えたもの。ブルゲは「共可能的」という言葉を知らず、「可能的」と「共可能的」を混同していた。

（2）ヤーコプ・ヘルマン（一六七八―一七三三）はバーゼルの仲買業者で、数学者ヨハン・ベルヌーイ（一六六七―一七四八）の弟子。一七一三年から一五年までライプニッツと文通した。

（3）『モナドロジー』第四三、四四節参照。

（4）『アストレ（*L'Astrée*）』は、オノレ・デュルフェ（一五六七―一六二五）作の有名な長編牧歌小説。牧童セランドンと羊飼い娘アストレの恋の物語。この小説は、現実世界では場所をもたない、別の可能的世界のモデルとして論じられている。

（5）ディオドロス・クロノス（生没年未詳）は紀元前四世紀の古代ギリシア・メガラ学派の弁証家。ピエール・アベラール（一〇七九―一一四二）は中世フランスの哲学者・神学者で、三位一体についての非正統的教義のために、サンス公会議で断罪された。ジョン・ウィクリフ(一三二四頃—一三八四頃)はイギリスの宗教改革者で、必然性に関する説は一四一七年のコンスタンツ公会議で断罪された。トマス・ホッブズ(一五八八—一六七九)はイギリスの哲学者。彼らは、現実存在には至らない可能的なものという発想がないため未来を必然的なものにしてしまい、最善を選択する神の自由な決定を破壊している、とライプニッツは考えた。『弁神論』緒論(第八六節)、第一七〇—一七二節、「神の大義」第二二節など参照。

(6) 人間精神は現実存在するものだけでなく、現実には存在しない可能的なものも認識することができる。その違いを説明するための例として、ライプニッツは、単位の整数倍で表現できる通約可能な数と、単位の整数倍では表現できない$\sqrt{2}$、πなどの無理数をしばしば用いている。無理数は、小説のようなフィクションと同様に、現実とは異なる可能的世界が、現実存在していなくても不可能ではないことを示している。

(7) ピエール・ボワレ。『モナドロジー』第四六節と訳注(1)を参照。

(8) 神が必然的に最善を選択するということが、かえって神の自由を制限し神の自由を否定する、とベールは批判するが、ライプニッツは神を創造へと決定したのは必然性ではなく善意である、と考えた。『弁神論』第一二七—一三〇、二二七—二二八節参照。

(9) 『弁神論』第二一節には、形而上学的悪は単なる不完全性に存し、自然学的悪は苦痛に存し、道徳的悪は罪に存する、とある。

(10)　人間の種子的動物については、『モナドロジー』第七四—七五、八二節とその訳注(第七四節の訳注(2)、第七五節の訳注(1)。第八二節の訳注(1))、『原理』第六節(本書八三—八四頁)と訳注(18)(同一八九頁)を参照。

(11)　『弁神論』第三七二節は、スピノザにとって魂は推移的な変様でしかないようである、と述べている。

(12)　継続しているもの(たとえば、世界)について、何かが始まりに付け加わることを考えることもできる。神はもっと早く世界を創造できたとか、世界は実際に始まったよりも早く始まった、と考えることもできるが、それは現にあることの理由を考えない、空想的な仮定にすぎない。『ライプニッツのクラークへの第五の手紙』(第五五—六三節)など参照。

(13)　先行的意志については、『モナドロジー』第九〇節と訳注(3)を参照。

(14)　ヨハン・ヤーコプ・ショイヒツァー(一六七二—一七三三)はスイスの医師・博物学者で、科学的な著作と収集品で知られる。ライプニッツと文通した。

(15)　ピョートル大帝(一六七二—一七二五)を指す。ライプニッツはピョートル大帝と一七一一年に会見した後、この後で述べられるように、ロシアでの科学振興(磁気の測定や言語研究等々)に関する提言を行い、ピョートル大帝からはロシア帝国の法制と司法の改革案作成を依頼された。

(16)　「処女地」という語はここで *terra vergine* とイタリア語で書かれているが(この書簡の相手ブルゲが、書簡が書かれた一七一四年当時イタリアのヴェネチアに滞在していたためであろうか)、terra virgo(処女地)というラテン語の表現自体はプリニウス『博物誌』第三三巻第五二章に由来する。

(17) ワジールは、イスラム諸国の大臣・宰相(役職名)。トルコのバシャ(またはパシャ)は、オスマン帝国の地方総監・高官(役職名)。

(18) ヘイスペルト・クーペル(一六四四―一七一六)はオランダの文献学者・考古学者で、ライプニッツと文通した。ベールとも親しく、ベールの『辞典』のために多くの資料・文献を提供した。

(19) 友人というのは、ヤーコポ・リッカチ(一六七六―一七五四)かもしれないが、おそらく後出のベルナルド・ゼンドリーニ(一六七九―一七四七)であろう。いずれもライプニッツの文通相手で、ゼンドリーニはイタリアの著名な水力学者。

(20) ディオファントス(生没年未詳)は四世紀、ローマ時代のエジプト・アレクサンドリアの数学者。

ダンジクール宛書簡

(1) ピエール・ダンジクール(一六六六―一七二七)はフランスの数学者。ナントの勅令廃止後プロイセンに亡命してベルリン・アカデミーの会員となる。ライプニッツと長く文通した。この手紙は、ライプニッツの最晩年、死の二ヵ月ほど前に書かれた。

(2) 精神を思考する実体とし、延長(拡がり)を物体的実体とするデカルトの見解への反論。『モナドロジー』第三節と訳注(1)を参照。

(3)　これはライプニッツの思い違いで、『弁神論』のなかにそうした箇所は見当たらない。『ベール氏の歴史批評辞典・第二版のロラリウスの項に含まれた、予定調和説に関する考察に対する答弁』(一七〇二)のなかにそうした主張が述べられている。

(4)　『モナドロジー』第五六—五七節参照。

(5)　『モナドロジー』第一節と訳注(2)(3)、第三節と訳注(1)を参照。単位と分数の関係、線と点の関係を見誤ると、「連続の合成という迷宮」に迷い込むことになる。

(6)　ベルナルト・ニーウェンタイト(一六五四—一七一八)はオランダの数学者で、カルヴァン派。ライプニッツの無限小算法を批判した。

(7)　無限小算法についての論争のうち、ニーウェンタイトが提起し、ライプニッツが一六九五年七月の『学術紀要』で応えた論争を暗示している。ライプニッツは、微分計算が要請する相等性のために、従来の相等性概念を拡張する必要があった。二つの値の差が絶対的に0であるような大きさだけを相等とするのではなく、差が比較できないほど小さい場合も相等と見なす、というのがライプニッツの考えであった。デカルト派のニーウェンタイトには、比較できないほど小さいという無限小概念が理解できなかった。ライプニッツは、彼の友人や新しい計算法の支持者が、彼ほどの慎重さと実用主義を共有していなかったことにも不満を感じていた。ヤーコプ・ヘルマンは、『ブルゲ宛書簡』の訳注(2)(本書二一五頁)を参照。フィリップ・ノーデ(一六五四—一七二九)はフランスの数学者・プロテスタント神学者。

(8) ジャン・ガロア(一六三二―一七〇七)とトマ・グイ(一六五〇―一七二五)は、パリの科学アカデミーのなかで無限についての新しい計算法の反対者であった。

(9) 微分の微分。

(10) 『ゾフィー宛書簡』の訳注(4)(6)(本書二〇四―二〇五頁)を参照。

訳者あとがき

一　ライプニッツの生涯と『モナドロジー』

『モナドロジー』は、哲学者ライプニッツを代表する作品として知られている。だがそれは、大部の著作ではない。基本的な実体つまりモナドの説明から始まり、その作用としての表象、感覚、思考、推論の原理、そして神の存在と本性、最善の可能的世界の創造、物体(身体)、これらの有機的構造を見渡し、神と精神の関係で終わる。こうしたきわめて広範囲な領域を扱ってはいるが、それは概略である。短い九〇の節から構成され、原語での語数は全体で六千語ほどにすぎない。ライプニッツには自らの哲学の全体像を述べる四つの作品、『形而上学叙説』、『実体の本性と実体間の交渉ならびに魂と身体のあいだにある結合についての新説』(以下『新説』と略記)、『理性に基づく自然と恩寵の原理』(以下『原理』と略記)、『モナドロジー』があるが、みな概略であって、雑誌に掲載される論文の長さ、書物の一章ほどの長さにすぎない。ライプニッツが大部の主著を残さなかった理由としては、それに割ける時間がなかったことと、ライプニッツ自身の嗜好を挙げることができよう。

ライプニッツは一六四六年、ドイツのライプツィヒに生まれた。当時ドイツは最大の宗教戦争だった三十年戦争の終結間際の荒廃した状態であった。ライプニッツは、ライプツィヒ大学の道徳哲学の教授だった父の書斎で自ら学び、古典の著者たちに親しんだ(自ら学ぶことは彼の変わることのない習性となり、一六七二年パリに出て著名な数学者と交わり自分の数学的知識の不足を自覚しながらも、それを自分のもっている論理学的知見を総動員して補い、微積分計算という新たな数学の創造につなげた)。一五歳でライプツィヒ大学に入学し、一七歳で学士論文を提出した。その後数年間、法学の研究に従事し、一六六七年アルトドルフ大学で博士号(法学)を得た。しかし教授職にはつかず、マインツ選帝侯の政治顧問となった。

フランス王ルイ一四世の矛先をオランダ、ドイツから逸らして戦争を回避するために、オスマン帝国への十字軍としてのエジプト遠征をルイ一四世に勧める覚え書きを、ライプニッツは書いた。選帝侯はこのプランを推進するためライプニッツをパリに派遣した。結果は不首尾に終わったが、百数十年後にナポレオンがそれを実行に移すことになる。ライプニッツはこのときパリで、アルノー、マルブランシュ、ホイヘンスといった当時最高の学者たちに会い、多くを学んだ。その後は一六七六年、北ドイツ、ハノーファーのブラウンシュヴァイク家の宮廷顧問官の職につく。ドイツへの帰路、イギリスでは王立協会を訪ね、オランダでは生物学者のレーウェンフックやスワンメルダム、そしてスピノザに会っている。ライプニッツのハノーファーでの仕事は宮廷顧問官ならびに司書官であったが、職務の内実は政治顧問、司書、(非公式)外交官、技術的アドバイザー等々、多様なものであったし、その後ブラウンシュヴァイク家の家史編纂という職務も加わった。これには多くの図書館、古文書館での調査が必要だったために、ライプニッツはそれに三〇年を費やしたが完成を見ることはなかった。これ以外にも、新旧教会の再統合、プロテスタント諸宗派の統合、ベルリン・アカデミーの創設など、多くのプロジェクトに関わった。ライプニッツの学問的関心と業績はきわめて広く、哲学のみならず、数学、物理学、論理学、言語学、法学、歴史学など、多岐にわたっている。

哲学はライプニッツの公務ではなく、公務の傍ら、空いた時間に行う活動でしかなかった。ライプニッツは晩年、自らの哲学思想を理解しやすい形で広めることに努めた。『弁神論』の刊行(一七一〇)はその顕著な成果で、当時多くの読者を得た。『弁神論』は大部の著作であり、また生前には刊行されなかった『人間知性新論』(一七〇四完成)はライプニッツ最大の作品であるものの、いずれも体系的な著作とは言い難い。前者はピエール・ベールに対して、後者はロックに対して書かれた。

少ない時間で自説を公にする手段としてライプニッツが選んだのが、書簡と学術雑誌の論文だった。一七世紀には書簡で意見交換をするのは普通のことであったし、手紙は写しがつくられ流通してもいた。ライプニッツの文通相手は千人を超えていた。また、学術雑誌を自説を公表する手段とした哲学者の最初の部類にライプニッツは属している。一七世紀後半の一六六五年に、フランスの『学芸雑誌』とイギリスの『王立協会紀要』という二つの学術雑誌の刊行が始まり、ライプニッツ自身、一六八二年に始まる『(ライプツィヒ)学術紀要』の発刊に協力し、多くの論文を寄稿してもいる。ライプニッツが生涯で学術雑誌に寄稿した論文は百編を超えている。長大な書物よりも短い論文というフォーマットを好むライプニッツの姿勢は、当時の情報伝達の趨勢に沿ったものでもあった(もしライプニッツが現代に生きていたら、インターネットやSNSを駆使していたかもしれない)。

二　『モナドロジー』誕生のきっかけとその名称の由来

『モナドロジー』(一七一四)はフランス語で書かれたが、それが公刊されるまでには奇妙な経緯を辿っている。まず、なぜフランス語で書かれたのか。『モナドロジー』執筆のきっかけをつくったのがフランス人であったことも理由の一つではあるが、ライプニッツの作品は半分以上がフランス語で書かれ、残りはラテン語であり、ドイツ語で書かれたものは少ない。一七世紀当時、ドイツは三百以上の小国が分立して共通語さえなく、ルターのドイツ語訳聖書をもとに共通語を実現する試みがようやく始まったばかりであった。もしドイツ語で書いていたら、フランスやイギリスはおろか、祖国ドイツでさえ多くの読者を見いだすことはできなかったにちがいない。フランス語やラテン語で書いたのは、多くの読者に自分の考えを伝え、思想を共有したかったからに他ならない(もしライプニッツが現代に生きていたら、おそらく英語で表現しただろう)。一七世紀当時のヨーロッパでは、フランス語・英語といった国語(国家語)の成立とともに、中世以来の共通語としてのラテン語の地位は揺らいでいた。とはいえ、音声言語としての普遍性をもはやもってはいなかったものの、書き言葉としての普遍性をラテン語はまだ保持していた。英語が今日のような国際語の地位を獲得するはるか以前のことである。一七・一八世紀はフランスが文化的な中心であったことからも、フランス語が当時の国際語であり、主要国の宮廷ではフランス語が用いられていた。ライプニッツがフランス語で書いたのは、当時の外的な事情によるとも言えるだろう。あまり多く用いてはいないがライプニッツのドイツ語への愛着は深い。ロックの『人間知性論』を仏訳したコストのような優れた翻訳者を見つけられたら、「私は非常に遅く学んだ言語(フランス語)よりも、むしろラテン語かドイツ語で書いただろう」、と『人間知性新論』の欄外には記されている。ライプニッツはドイツ語の改良を試みてもいるし、ドイツ語は粗削りではあるがより原初の言語(アダムの言語)に近く、虚構・想像上のものを表現するのに適してはいないが、現実的なものに関しては、他のすべての言語が羨むほどに最も豊かで最も完全な言語だ(『ニゾリウスの哲学的スタイルについて』一六七〇)と、ドイツ語の優れた側面も忘れてはいなかった。

『モナドロジー』は、学術雑誌の論文として書かれたものではない。執筆の直接のきっかけは、ライプニッツの文通相手ニコラ・レモンの依頼であろう。オルレアン公の顧問長官であったレモンはライプニッツのモナド説に興味を抱き、ライプニッツにさらなる説明を求めていた。また、レモンの友人であった哲学詩人フラギエ師の、ライプニッツの形而上学を韻文にしたい、そのためにはメタファーを用いずに幾何学者の公理のように明確に表現された体系的な解明が必要だ、という意向もそれなりにライプニッツに響いていた。だが、論考(いわゆる『モナドロジー』)は、一七一四年九月半ばまで完成しなかったため、レモンにもフラギエにも送られることはなかった。レモンに送られたのは『モナドロジー』よりも先に完成した『原理』の写しであった。ライプニッツが、いわゆる『モナドロジー』の出来映えに満足していなかったとは思えない。その証拠に、最初の草稿を親しい知人には見せている。だがそれを刊行するつもりはなく、最後まで手元に置いていた。『モナドロジー』は誰に向けて書かれたのか。たしかにレモンやフラギエがそのきっかけを与えたのかもしれないが、それが向けられた相手は後に変化したのかもしれない。ライプニッツ自身のためか、あるいは、私たちを含めたより多くの人たちのためなのか。

いわゆる『モナドロジー』が公刊されるのはライプニッツの死(一七一六)後まもなくであったが、それはフランス語原文ではなくドイツ語訳とラテン語訳であった。ハインリッヒ・ケーラーは一七一四年夏にライプニッツ自身から(最終稿ではなく)最初の草稿を入手し、一七二〇年ドイツ語訳を『モナドロジー』という表題で出版した。おそらくドイツ語訳をもとにしたであろうラテン語訳が現れるのは一七二一年の『(ライプツィヒ)学術紀要・補巻』誌上で、それには「モナドロジー」ではなく『哲学の原理』という表題が付されていた(ケーラーによる独訳は九〇ではなく九二の節、ラテン語訳は九三の節からできている)。ラテン語訳は一七六八年のデュタン版著作集にも収録された(第二巻二〇―三一頁)。『モナドロジー』のフランス語原文が初めて刊行されるのは、一八四〇年のエルトマン版著作集のなかである。エルトマンは、ケーラーを踏襲して『モナドロジー』という表題を選び、「哲学の原理」を副題とした。この決定が後の編者たちに影響を与え、『モナドロジー』という表題が最もポピュラーなものとなった。今日に至るまでさまざまな刊本、英訳、独訳などが現れたが、表題としては「モナドロジー」だけのもの、「哲学の原理あるいはモナドロジー」とするもの、「哲学の原理　モナドロジー」と併記するものなどがある。だがいずれにしても、ライプニッツ自身のテクストに表題は何も書かれていない。現存する草稿の一つに写字生が「ライプニッツ氏による哲学原理」と記したともいわれているが、ライプニッツがそれを認めた証拠はないし、少なくともロビネの刊本とシュトラックの刊本を見るかぎり表題は何も書かれていない。『モナドロジー』も『哲学の原理』も後の訳者や編者がつけたものである。訂正・校正の過程を詳細に再現した刊本としてはロビネのもの（一九五四）が有名だが、それよりも三〇年以上前に校正過程を再現していたクララ・シュトラックの刊本（一九一七）では、表題は『いわゆるモナドロジー』とされている。これが最も誠実なネーミングかもしれない。本訳書では、簡潔に『モナドロジー』とした。

なお、凡例に示したとおり、『モナドロジー』の訳は原則としてゲルハルト版を底本としたが、ロビネおよびフィシャンのテクストに従って改行した箇所もある（第四五、四八、六三節）。本文の傍点や『弁神論』の参照箇所の表記などについても、主にロビネ、フィシャンのテクストを参照した。

三　本訳書の構成

『モナドロジー』は短いとはいえ非常に凝縮された作品であり、必ずしも理解しやすいものではない。また、単なる要約ではなく、叙述の仕方も独特である。スピノザの『エチカ』のような幾何学的な方法で書かれてはいない。定義・公理・公準・論証といった順ですべての議論が進むのではない。デカルトの『省察』のように、すべてを疑い、精神を感覚やすべての先入見から引き離し、真理を捉える道程を構成する、といったものでもない。当時の科学的な知見に基づく議論、経験に基づく議論、ア・ポステリオリな議論も多いが、節と節のあいだには論理的なつながりが設定されている。読者は常識や経験を排除することを強制されず、論理的に思考することによって、ライプニッツとともに学知と真理を目指す自由な実践が求められている。『モナドロジー』のA写本に付された『弁神論』への参照箇所はB写本(最終稿)では削除されている(本書一二頁訳注(4)参照)。『弁神論』への参照箇所が明示されているのは読者にとって一見利便性があり親切でもあるが、同時に読み方を狭めてもしまう。読み方や補足の仕方をあえて限定せずに空白のままにしたのは、『モナドロジー』がより自由で開かれた読まれ方を求めているからかもしれないが、本訳書では他の諸版に倣い、『弁神論』の参照箇所を削除せずに載せておいた。

『モナドロジー』を補足し理解を助けるために、本訳書では、『新説』以降のライプニッツ後期の成熟した思想を示す作品を収めた。『モナドロジー』とともにライプニッツ哲学の全体像を提示する二つの論文『原理』と『新説』、付録として個別的テーマの側面から『モナドロジー』の解説をしていくような、論文一篇(抄訳)と書簡六篇である。

まず二つの主要論文。『理性に基づく自然と恩寵の原理』は、一七一四年にウィーンで書かれた。サヴォワのウジェーヌ公のために書かれたもので、その写しはニコラ・レモンにも送られたが、公刊されたのはライプニッツの死の二年後の一七一八年、パリの雑誌『学芸ヨーロッパ』上であった。一七一〇年に『弁神論』が出版され、ライプニッツの名もそれまでのように狭い学者のあいだで認知されていただけでなく、広く一般に知られるようになっていた。この小論はより広い読者に自分の説を、スコラ派の言葉でもなくデカルト派のスタイルでもなく、概略の形で知らせるという明確な使命をもっていた(レモン宛書簡、一七一四年八月二六日)。

『実体の本性と実体間の交渉ならびに魂と身体のあいだにある結合についての新説』は、一六九五年六月二七日にパリの『学芸雑誌』に匿名で発表された。当時はまだ、一六八六年に書かれた『形而上学叙説』は公刊されていなかったので、ライプニッツ哲学の全体像を初めて公にするものであった。発表後すぐに反響を呼び、フーシェ、ベールなどからの批評や批判が寄せられ、ライプニッツはそれに答えていくことになった。ゲルハルト版に節番号はついていないが、諸版に従って節番号を付した。

そして付録として収めた以下の論文と書簡は、それぞれの仕方で異なる角度から、『モナドロジー』の内容を具体的に補っていく。

『物体と原動力の本性について』(抄訳)は、モナドの本質としての力とは何かについて説明している。力とは単なる観念的な可能性ではなく、何も妨げるものがなければ実体自身から自発的に発現する。実体は必ず身体(物体)を伴うので、力は物体において運動を生み出す(または運動に抵抗する)ものとして働き、生み出しうる結果によって算定可能である。こうした力の捉え方はデカルトへの根本的な批判となり(『モナドロジー』の第七九―八〇節などに対応)、かつライプニッツ哲学の独自性を形づくっている。それは、アリストテレス・スコラ派以来の伝統的な「形相―質料」概念を刷新するものであると同時に、今日のエネルギー概念の源泉でもあり、万物に内在する生命を科学的・力学的観点から捉えようとする試みである。本論考（力学に関するものは、『力学提要』などを除き、未刊のものも多かった）はモナドの本質としての力を、コンパクトにまとまった形で説明している（同、第三、四二、六一、七一節などに対応）。

『ゾフィー宛書簡』は、ハノーファー選帝侯妃ゾフィーに宛て、一と多、魂の単一性と内なる多様性を述べたもので、特に魂や生命のあり方について具体例を挙げて説明している（『モナドロジー』の第一三―一四、一七、二一、二九、五六、六三―六四、六六―七〇、七二―七五、七七節などに対応）。『ゾフィー・シャルロッテ宛書簡』は、当時流行った劇の台詞を引いて自然の斉一性と多様性を説明し、被造物の全体と自然の根底を示そうとする。魂と物質（身体）の関係についても、デカルト、マルブランシュ、ベールへの批判を意識しつつ、わかりやすく述べている（『モナドロジー』の第一四、二〇―二一、五六―五八、六三―六四、六六―七〇、七二、八三節などに対応）。『生命の原理と形成的自然についての考察、予定調和の説の著者による』は、機械論と生気論の対立を論じつつ、自然全体が生命に満ちていることを述べ、力学的な自然の秩序と道徳的な秩序との内的連関を考える（『モナドロジー』の第一九、五一、五九、六一、六四、七四―七五、八二、八四―八九節などに対応)。『コスト宛書簡』は、必然性と偶然性の詳しい説明から始まり、選択と傾向、無差別の自由について掘り下げていく(『モナドロジー』の第三三、三六、四六節などに対応)。『ブルゲ宛書簡』は、小説『アストレ』から可能的世界と共可能性の違いが考察され、さらに神と悪の問題に触れていく(『モナドロジー』の第四二―四七、五三―五五節などに対応)。『ダンジクール宛書簡』は、形而上学的点、数学的点、物理的点の差異を明確化している(『モナドロジー』の第一、三、六五節などに対応)。

『モナドロジー』を補足するこうした作品の選択については、『弁神論』と『人間知性新論』の叙述の仕方がヒントになるだろう。前述のように、これら二作品は長大な著作ではあるが、決して体系的な記述がなされているとは言い難い。迂回や脱線・逸脱も多く雑然とした印象さえある。だが見方を変えれば、ベールやロックの思想のさまざまな箇所にリンクを張り、説明や批判を加えているとも言える。ただ、そうしたリンク先が示す場面が元テクストと別画面ではなく同一画面にあるために、一見脱線・逸脱としか見えない。ライプニッツの頭のなかではそれらの階層的な構成が見えていたのかもしれないが。

ライプニッツはイタリア即興喜劇がもとにあるアルルカンをしばしば引いているが、

自らの大原理についてもアルルカンの口を借りて、「いつでも、どこでも、すべてはことまったく同じように」と述べている。すべては生命に満ちていて、生命体は魂、モナドと呼ばれ、それは有機的身体（物体）を必ず伴っている。人間だけを特別視せず、動物も他の生き物も精霊も基本的には同等の存在として扱っている。きわめて洗練されたアニミズムとも言える。すべての魂は宇宙全体を無意識的にであれ表象し、相互に表現しあっていて、人間と他の存在との違いは表象の判明さの度合いによる。魂の作用としての表象と欲求も、身体の作用としての運動も、他から強制されるのではなく内からの自由な発現だとされた。すべてが各々の視座から映しあい響きあっている様相をそれぞれの仕方で述べる諸作品を本訳書に収めたことは、『モナドロジー』にリンクを張る一つの試みとも言える。さまざまな可能的世界がありうるのだから、リンクの張り方も一つではなく、いわば読者に委ねられているのかもしれない。

四　学者たち、諸学問との交流

ライプニッツは千人を超える文通相手をもち、二万通にのぼる書簡があるが、そこには当時の学者たちとの広範で学識深い交流が見られる。また著作や論文も、当時の論争相手との対話や批判が多い。『新説』から『モナドロジー』に至る時期、とりわけピエール・ベールとの知的交流は大きい。『新説』に対するベールの批評には、精神と身体、魂、実体について、そして魂の活動や単純な実体の自発性など、重要な問題が指摘されている。ライプニッツの回答には、魂の自発性、表象の無限の多様性、魂が混乱して感知する痕跡など、興味深い論点が見られ、モナドの原理も示されていく。そして『モナドロジー』の基礎ともなった大部の著作『弁神論』は、神の善意、人間の自由、悪の起源についてベールへの反論・批判の書であった。

ベールは神において、知恵よりも、力と善意を優先させ、創造主である神と被造物のあいだ、神の知性と人間の理性とのあいだに根本的な異質性があるとしている。その無限の隔たりゆえに、「人間の徳の規則に神は従わない」。こうした主張は深刻な困難へ導かれる。神が「その義ゆえに悪を罰することも、もう確かではなくなるし、神は罪の張本人だと主張する者を反駁できなくなる」(『歴史批評辞典』)。そうして、神は人間の犯す罪に対して容赦ない懲罰者となり、畏れられる存在となる。ライプニッツはそれを「人間嫌いの暴君」と言う。「神の力能は何ものにも囚われず規則に縛られることもないのだから、無実の者をも堂々と断罪する、とまで言うのであれば、神にとって正義とは何なのか」と問い、その神は「畏れるべきもの」であり、「愛すべきもの」とはならない(「神の大義」第一一七―一一八節)。ライプニッツによれば、ベールは、道徳的必然性と形而上的必然性の区別をせず、「神が最善を成さざるをえないとするなら、それは神から自由を奪い、諸事物に」哲学者や神学者が避けようとしてきた「必然性を与えることになる」と思い込んでしまったのだ、という(『弁神論』第二部第一六八節)。

ライプニッツはベールの手法を踏襲しているところがあるともいわれるが、『弁神論』では、神はなぜこの世に悪をもたらしたのか、という神の正義にかかわる問題、そして悪の存在とのかかわりで人間には自由があるのか、という問題が扱われる。人間に自由がなければ罪を犯しても罰することができず、そうさせている神が責任を負うことになるし、逆にもし人間が自由な意志により罪を犯すなら、そういう人間をつくった神の責任が問われる。必然性の意味、最善世界の選択、神の知恵と意志と力能、自由と偶然性が論じられる。そして現実存在以前の、神の知性のなかにおける無数の可能的なものの存在、次に神は知恵により、無数の可能的世界を前にして完全性の総和の計算をする、そうして神は、知恵によって認識した最善の世界を意志の働きによって選択する……。

膨大な著作であり、当時の知的環境も多く記述され、迂回や冗長さもある。極度に簡潔化された『モナドロジー』とは正反対の形式と量である。ライプニッツ自身、『モナドロジー』の草稿段階で、各節末尾に『弁神論』の参照箇所を注記している。

同時代の哲学ではマルブランシュの機会原因論を批判し、スピノザに対しては若い頃には敬意をもちつつも、その「幾何学的な必然性」に対して終生攻撃を続けている。こうした哲学者たちとの論戦はライプニッツの哲学を理解するうえで重要であり、ライプニッツのテクストは論争相手を想定して書かれていることが多い。本書でも訳注に示しておいた。そして、根本的な枠組みとしてデカルト哲学との対比がある。デカルト(一五九六―一六五〇)の死後一七世紀後半のヨーロッパは、アカデミーや学問のさまざまな分野でデカルト主義が浸透していた。ライプニッツはデカルトに強い関心を抱き、若年のパリ滞在期には熱心にデカルトの手稿や資料を収集した。以降デカルトへの批判は自然学や哲学で多くのテクストを残している。ライプニッツは力学や数学の領域でデカルト主義を超える業績を積みあげているが、それらの視点は哲学にも結びついていき、デカルト哲学を凌駕する多様な視点を有していく。

『新説』から『モナドロジー』に至るモナド論では、特に魂と表象についてデカルトとの大きな差異があらわれている。ライプニッツにとって表象と欲求をもつ魂は生命の原理でもあり、個体的生命はその原理を自らの内にもっている。『モナドロジー』やライプニッツ後期の仕事では、生きた有機体とその特性の理解が、哲学の表現に近づく手立てを与えたりもする。ライプニッツは、動物学者による論証を用いる。たとえばマルピーギとスワンメルダムの観察した蚕の変態、マルピーギがその起源へと遡った受精卵の発生学、レーウェンフックとハルトゼーカーが明らかにした精子の構造と運動などである。予先形成については、種子、胚発生の生物学の知見が支えとなっている(『モナドロジー』第七四節など)。

当時は顕微鏡が発明されて実際の観察にも用いられていた。レーウェンフックは精子を観察し、さらに広く微生物の世界を明らかにした。マルピーギは顕微鏡で、昆虫や人体の微細器官の観察をしている。こうして明らかになったミクロな世界は、ライプニッツに影響を与えている。ただしライプニッツは、顕微鏡で観察可能なものの限界を超えてこう述べる。有機的身体の産出と変形は神の配置に由来し、神のつくった自然の機械の各々は、無限の襞や渦、機械的変化に対する無限の微細態勢をもつので、機械全体はその本性を変えることはない、と(『ゾフィー・シャルロッテ宛書簡』)。

ライプニッツは万学の天才といわれた。若年のパリ滞在期、当代随一の物理学者クリスティアーン・ホイヘンスに師事して、数学・物理学にめざましい能力を発揮し、計算機やいろいろな機械を考案した。微積分・無限小計算、位置解析、光の屈折、そして物理学、力学に優れた業績を残した。法学や歴史学にも多くの論文がある。そして力学で形成された力の概念は、形而上学的なものともなって独自な哲学をつくる。自然科学の多様な成果に関心をもち、たとえば生物学や動物学の知見を受けとめ著作に活かしつつも、さらにそれを超えて哲学の構想とイメージを表していくような、近代ヨーロッパの生んだ稀有な哲学者であった。その関心は、当時ヨーロッパ世界にとって地理的にも文明的にも対極にあった中国にも向けられた。中国人の宗教を理性に基づく自然宗教として擁護し、科学技術においても双方が補いあうことを主張する。たとえば医学においては、解剖学、化学、生理学など原理的な知識はヨーロッパが優れているけれど、植物学、薬学、治療学などの経験的な領域では中国のほうが優れているので補いあえる、と。

五　モナド、あるいはモナドロジー

モナドは、古代ギリシアのピュタゴラス派以来の概念であり、すでにプラトンの『パイドン』や『ピレボス』に用いられている。一六世紀後半になると、いろいろなモナド論が構想されている。ジョン・ディーは、万物を象徴的に集約するモナドの構想をもち、『象形文字のモナド』を著し、一七世紀初めのカバラ的神秘主義の流れにも大きな影響を与えている。哲学史を見るとモナドは、ニコラウス・クザーヌスやジョルダーノ・ブルーノにおいて、世界を構成し、世界の多様を映す一なるものと捉えられている。ブルーノは、宇宙を構成する単純な要素として、モナドどうしの結合から宇宙のさまざまな在り方を説明する。ただし、そうしたモナドそのものは不滅であった。ケンブリッジのプラトニストたち、ヘンリー・モアやファン・ヘルモントは、宇宙を構成する動的・心的要素と解して、これらモナドは宇宙的神性に対して有機的関係に立ち、神性を自らにおいて現すとした。こうした諸原理を継承しつつライプニッツは独自の形而上学を組織する。

『モナドロジー』冒頭で、モナドは「単純な実体」だという。実体はそれ自身で存在し、語源的に「モナス(一なるもの)」に由来するモナドは、それ自身の内に多を統一する活動、力である。モナドは、形而上学的点、原初的力、実体的形相とも呼ばれた精神的実体であり、表象と欲求をもつ。

モナドはそれぞれの視点をもって表象し、視点に制約されている。多数のモナドの異なった視点からの、宇宙への表象あるいは表出は、一つの都市を異なった方角から眺めると、まったく異なった眺望になることに喩えられる。だがそれは、「各々のモナドの異なる視点から見る唯一の宇宙のさまざまな眺望に他ならない」(『モナドロジー』第五七節)。それは無限に多くのモナドの異なる視点から表出される、唯一の宇宙なのである。

そして宇宙のなかにある、魂をもつ生命体、すべての個体は、結びあい適応しあって、そのなかに他を映し込んでいる。ある個体が映す他の個体には自己が映り、合わせ鏡で見たときのように何重にも映し出される。人間であれば、自他が互いに意識しあうことにもなる。モナドは「宇宙の生きた永続の鏡」(同、第五六節)と言い表される所以である。

モナド相互の規則的な秩序と関係については「予定調和」という概念で説明され、予定とは、神があらかじめそのように設定した、ということである。心身の関係も予定調和によって説明され、初めから完全な仕組みと機能をもって対応するようにつくられた二つの時計に喩えられる。調和は、モナド相互、モナドと宇宙の関係までを含む。そこにはまた、身体や魂や世界が、神によって一定の目的のもとにつくられたという前提があり、人間はそのなかに神の目的を読み取って、自然や世界の調和を進めていく、という見方もできよう。そして神は、無数の可能的世界から最善を選んだ。この現実世界の存在はその十分な理由をもち、世界に起こる出来事は究極理由としての神の決定に基づく。ライプニッツによれば、現実世界は神の意志決定に依拠し、その理由を神の内に有する、したがって私たちの生きている世界こそ最善世界なのだ、と。「神は知恵によって最善なものを知り、善意によってこれを選び、力能によってこれを生じさせる」(同、第五五節)。そこでは、神によって創造されたすべてのモナドが、他のすべてのモナドとそれら自身への関係に従って厳密に表出するようにしている普遍的調和がある。

同時代すでにライプニッツのこうした予定調和、最善世界の思想には多くの批判があった。フランス、トレヴーのイエズス会士たちは、これを揶揄して最善主義(オプティミスム optimisme)という語を造った。ヴォルテールは一七五五年のリスボン大地震のすぐあとに『カンディード』という小説を著し、「あるいはオプティミスム」の副題をもつこの小説は、随所がライプニッツ予定調和説への批判となっている。

だがモナドの主題はその後も哲学や思想に現れる。一八世紀、ライプニッツのモナド論はフォントネルに多大な影響を与えたし、コンディヤックは『モナド論』を著す。一九世紀、ルヌーヴィエの『新モナドロジー』はライプニッツとほぼ同様の定義から出発している。そして現代、フッサールは『デカルト的省察』で相互主観性を論じるためにモナドを援用する。ストローソンの『個体と主語』にはモナド的意識の個別化と概念が扱われている。枚挙は続くであろう……。

六　ライプニッツの読まれ方と「精神の共和国」

ライプニッツには一定の大きさの主著ともいうべき著作がないこともあって、これまでは「モナドには窓がない」とか、「予定調和」といった言葉がライプニッツ自身から離れて捉えられ、いわば独り歩きしてきた感も否めない。これには、ライプニッツを揶揄したヴォルテールの『カンディード』なども大きな役割を果たしただろう。

ライプニッツが残した膨大な論文、草稿、書簡をまとまった形で最初に刊行したのはデュタン版(一七六八)である。その後、エルトマン版(一八四〇)、フーシエ・ド・カレイユ版(一八五九—六五)なども現れたが、ゲルハルト版の『哲学著作集』(一八七五—九〇)と『数学著作集』(一八五〇—六三)が今日でもまだ使われている。二〇世紀になり独(プロイセン）仏両アカデミーの協力でライプニッツ全集が計画されたが、二度の大戦がその進捗を妨げ、未だに完成を見ていない。このアカデミー版の刊行は近年着実に進んでいるが、完成は二一世紀の中頃であろうか。

本格的なライプニッツ研究が始まるのも二〇世紀を迎えてからである。ラッセル、クーチュラ、カッシーラーらの独創的な研究が相次いで現れ、その後もベラヴァル、ロビネ、セール、ドゥルーズなどの特色ある研究が続いている。

ライプニッツの精神は哲学の個別的研究を超えて広がってもいった。反ナチ抵抗運動「白いバラ」の精神的指導者で一九四三年七月に反逆罪で処刑されたライプニッツ学者クルト・フーバーは、ライプニッツとともに何よりもヨーロッパの統合を切望していた。亡命を余儀なくされた社会学者アルフレッド・シュッツとアロン・ギュルヴィッチは、往復書簡でライプニッツの自由な精神を讃えていた。ライプニッツの精神にインスパイアされたのは、フッサールやハイデガーといった哲学者だけではない。数学者ゲーデルはライプニッツを高く評価しているし、今日のコンピュータの原型を形づくったチューリングやフォン・ノイマンの仕事も、結合法と思考＝計算というライプニッツのアイデアを現実化したものだとも言える。

ライプニッツには精神の共同体、精神の共和国という理念が見られる。ライプニッツは数学や力学で顕著な業績のある自然科学者であったが、また文献学者・歴史家でもあり、過去の遺産も信頼した。知は、人類全体の事象であり、あらゆる時代のものである「精神の共和国」の所産である。精神が神とつながり、そうして諸精神が結びつきあうイメージは主要テクストで示されているが、「精神の共和国」という表現が書簡などにも見られる。

知のデータベースとしての百科全書が構想され、そのための普遍言語(今日のコンピュータ言語やグラフィック言語のような)の創造も考えられた。ライプニッツ自身が「dy/dx」の表記を考案した微積分学の発明は、そうした普遍記号法の一部にすぎない。デカルトは人間の普遍言語についてこう述べている。真の哲学が完成したなら、人間の思考を構成する要素的観念を発見でき、それを表す一義的な普遍言語が可能だろうが、それは実現不可能なユートピアだ、と(メルセンヌ宛書簡、一六二九年一一月二〇日)。しかしライプニッツは、哲学が完成されなくても、人間の学問が進歩し多くの人が協力してヴァージョンアップしていけば、この言語も進歩する、と考えた。スマートフォンやタブレット端末の爆発的な普及を見たら、ライプニッツは、誰もが(文字が読めなくても)

容易に使えるコミュニケーション・ツールが現実のものとなったと、自分が夢見た普遍言語、各国語の違いを超えたコミュニケーションを可能とするグラフィック言語（アイコン、絵文字、キャラクターなど）がある意味で実現したと思うかもしれない。

北京で一匹の蝶が空気をかき混ぜれば、その羽ばたきは翌月のニューヨークで嵐を引き起こすかもしれない。こうしたバタフライ効果を聞いたなら、ライプニッツはうなずいただろう。「ヨーロッパにいる妻の死によってインドにいる夫が男やもめになるときには、実際に彼に変化が生じている」（『実在的現象を想像的現象から区別する仕方について』一六八三―八六頃）と、ライプニッツも述べていた。すべてがつながりあっているとすれば、ハノーファーの哲学者の遺した諸テクストは私たちに何をもたらすのだろうか。

＊

先行の邦訳からは多大な恩恵を受けている。とりわけ岩波文庫の旧訳である河野与一訳『単子論』に収められた主要テクストの訳文と訳注からは多くを学ばせていただいた。工作舎版『ライプニッツ著作集』からも『モナドロジー』をはじめ論文や書簡の訳文・訳語を参考にさせていただいた。訳注では書誌的な注はできるだけ省き、訳文とともに読みやすさを心がけた。古典語については兼利琢也氏に校閲をお願いし、多くの貴重なご教示をいただいた。謝意を記したい。

山腰和子さんが企画を立ててくださったこの仕事は、ライプニッツ後期の主要作品と、それに関連して多岐にわたる(場合によっては錯綜する)テクストを収録するものだが、翻訳はかなりの困難をともなった。実際の作業を担当いただいた編集の清水愛理さんと校正の岡本哲也さんには、じつに多大なご苦労をおかけしてしまった。お詫びとともに、心からの感謝の気持ちを記したい。

二〇一九年二月

谷川多佳子
岡部英男

モナドロジー 他二篇　ライプニッツ著

2019年4月16日　第1刷発行
2024年4月15日　第6刷発行

訳　者　谷川《たにがわ》多佳子《たかこ》　岡部《おかべ》英男《ひでお》

発行者　坂本政謙

発行所　株式会社 岩波書店
〒101-8002 東京都千代田区一ツ橋 2-5-5
案内 03-5210-4000　営業部 03-5210-4111
文庫編集部 03-5210-4051
https://www.iwanami.co.jp/

印刷・精興社　製本・牧製本

ISBN 978-4-00-336169-6　　Printed in Japan

読書子に寄す

――岩波文庫発刊に際して――

岩波茂雄

真理は万人によって求められることを自ら欲し、芸術は万人によって愛されることを自ら望む。かつては民を愚昧ならしめるために学芸が最も狭き堂宇に閉鎖されたことがあった。今や知識と美とを特権階級の独占より奪い返すことはつねに進取的なる民衆の切実なる要求である。岩波文庫はこの要求に応じそれに励まされて生まれた。それは生命ある不朽の書を少数者の書斎と研究室とより解放して街頭にくまなく立たしめ民衆に伍せしめるであろう。近時大量生産予約出版の流行を見る。その広告宣伝の狂態はしばらくおくも、後代にのこすと誇称する全集がその編集に万全の用意をなしたるか。千古の典籍の翻訳企図に敬虔の態度を欠かざりしか。さらに分売を許さず読者を繋縛して数十冊を強うるがごとき、はたしてその揚言する学芸解放のゆえんなりや。吾人は天下の名士の声に和してこれを推挙するに躊躇するものである。このときにあたって、岩波書店は自己の責務のいよいよ重大なるを思い、従来の方針の徹底を期するため、すでに十数年以前より志して来た計画を慎重審議この際断然実行することにした。吾人は範をかのレクラム文庫にとり、古今東西にわたって文芸・哲学・社会科学・自然科学等種類のいかんを問わず、いやしくも万人の必読すべき真に古典的価値ある書をきわめて簡易なる形式において逐次刊行し、あらゆる人間に須要なる生活向上の資料、生活批判の原理を提供せんと欲する。この文庫は予約出版の方法を排したるがゆえに、読者は自己の欲する時に自己の欲する書物を各個に自由に選択することができる。携帯に便にして価格の低きを最主とするがゆえに、外観を顧みざるも内容に至っては厳選最も力を尽くし、従来の岩波出版物の特色をますます発揮せしめようとする。この計画たるや世間の一時の投機的なるものと異なり、永遠の事業として吾人は微力を傾倒し、あらゆる犠牲を忍んで今後永久に継続発展せしめ、もって文庫の使命を遺憾なく果たさしめることを期する。芸術を愛し知識を求むる士の自ら進んでこの挙に参加し、希望と忠言とを寄せられることは吾人の熱望するところである。その性質上経済的には最も困難多きこの事業にあえて当たらんとする吾人の志を諒として、その達成のため世の読書子とのうるわしき共同を期待する。

昭和二年七月

《哲学・教育・宗教》〔青〕

- ソクラテスの弁明・クリトン　プラトン　久保勉訳
- ゴルギアス　プラトン　加来彰俊訳
- 饗宴　プラトン　久保勉訳
- テアイテトス　プラトン　田中美知太郎訳
- パイドロス　プラトン　藤沢令夫訳
- メノン　プラトン　藤沢令夫訳
- 国家　全二冊　プラトン　藤沢令夫訳
- プロタゴラス —ソフィストたち　プラトン　藤沢令夫訳
- パイドン —魂の不死について　プラトン　岩田靖夫訳
- アナバシス —敵中横断六〇〇〇キロ　クセノポン　松平千秋訳
- アリストテレス　ニコマコス倫理学　全二冊　高田三郎訳
- アリストテレス　形而上学　全二冊　出隆訳
- アリストテレス　弁論術　戸塚七郎訳
- アリストテレース　詩学　ホラーティウス　詩論　松本仁助・岡道男訳
- 物の本質について　ルクレーティウス　樋口勝彦訳
- エピクロス —教説と手紙　出隆・岩崎允胤訳

- 生の短さについて　他二篇　セネカ　大西英文訳
- 怒りについて　他二篇　セネカ　兼利琢也訳
- エピクテトス　人生談義　全二冊　國方栄二訳
- 人さまざま　テオプラストス　森進一訳
- マルクス・アウレーリウス　自省録　神谷美恵子訳
- 老年について　キケロー　中務哲郎訳
- 弁論家について　全二冊　キケロー　大西英文訳
- キケロー書簡集　高橋宏幸編
- 平和の訴え　エラスムス　箕輪三郎訳
- 方法序説　デカルト　谷川多佳子訳
- 哲学原理　デカルト　桂寿一訳
- 情念論　デカルト　谷川多佳子訳
- パンセ　全三冊　パスカル　塩川徹也訳
- スピノザ　神学・政治論　全二冊　畠中尚志訳
- 知性改善論　スピノザ　畠中尚志訳
- スピノザ　エチカ（倫理学）　全二冊　畠中尚志訳
- スピノザ　国家論　畠中尚志訳

- スピノザ往復書簡集　畠中尚志訳
- デカルトの哲学原理 —附 形而上学的思想　スピノザ　畠中尚志訳
- スピノザ　神・人間及び人間の幸福に関する短論文　畠中尚志訳
- モナドロジー　他二篇　ライプニッツ　谷川多佳子・岡部英男訳
- 市民の国について　全二冊　ヒューム　小松茂夫訳
- 自然宗教をめぐる対話　ヒューム　犬塚元訳
- エミール　全三冊　ルソー　今野一雄訳
- 人間不平等起原論　ルソー　本田喜代治・平岡昇訳
- ルソー　社会契約論　桑原武夫・前川貞次郎訳
- 言語起源論 —旋律と音楽的模倣について　ルソー　増田真訳
- ディドロ　絵画について　佐々木健一訳
- 道徳形而上学原論　カント　篠田英雄訳
- 啓蒙とは何か　他四篇　カント　篠田英雄訳
- 純粋理性批判　全三冊　カント　篠田英雄訳
- カント　実践理性批判　波多野精一・宮本和吉・篠田英雄訳
- 判断力批判　全二冊　カント　篠田英雄訳
- 永遠平和のために　カント　宇都宮芳明訳

- プロレゴメナ　カント　篠田英雄訳
- 学者の使命・学者の本質　フィヒテ　宮崎洋三訳
- シュライエルマッハー 独白　木場深定訳
- ヘーゲル政治論文集　全二冊　金子武蔵訳
- 哲学史序論 —哲学と哲学史　ヘーゲル　武市健人訳
- 歴史哲学講義　全二冊　ヘーゲル　長谷川宏訳
- 法の哲学 —自然法と国家学の要綱　ヘーゲル　上妻精・佐藤康邦・山田忠彰訳
- 学問論　シェリング　西川富雄・藤田正勝監訳
- 自殺について 他四篇　ショウペンハウエル　斎藤信治訳
- 読書について 他二篇　ショウペンハウエル　斎藤忍随訳
- 知性について 他四篇　ショーペンハウエル　細谷貞雄訳
- 不安の概念　キェルケゴール　斎藤信治訳
- 死に至る病　キェルケゴール　斎藤信治訳
- 体験と創作　全二冊　ディルタイ　柴田治三郎・小牧健夫訳
- 眠られぬ夜のために　全二冊　ヒルティ　草間平作・大和邦太郎訳
- 幸福論　全三冊　ヒルティ　草間平作・大和邦太郎訳
- 悲劇の誕生　ニーチェ　秋山英夫訳

- ツァラトゥストラはこう言った　全二冊　ニーチェ　氷上英廣訳
- 道徳の系譜　ニーチェ　木場深定訳
- 善悪の彼岸　ニーチェ　木場深定訳
- この人を見よ　ニーチェ　手塚富雄訳
- プラグマティズム　W・ジェイムズ　桝田啓三郎訳
- 宗教的経験の諸相　全二冊　W・ジェイムズ　桝田啓三郎訳
- 日常生活の精神病理　フロイト　高田珠樹訳
- 純粋現象学及現象学的哲学考案　全二冊　フッセル　池上鎌三訳
- デカルト的省察　フッサール　浜渦辰二訳
- 愛の断想・日々の断想　ジンメル　清水幾太郎訳
- ジンメル宗教論集　深澤英隆編訳
- 笑い　ベルクソン　林達夫訳
- 道徳と宗教の二源泉　ベルクソン　平山高次訳
- 時間と自由　ベルクソン　中村文郎訳
- ラッセル教育論　安藤貞雄訳
- ラッセル幸福論　安藤貞雄訳
- 存在と時間　全四冊　ハイデガー　熊野純彦訳

- 学校と社会　デューイ　宮原誠一訳
- 民主主義と教育　全二冊　デューイ　松野安男訳
- 我と汝・対話　マルティン・ブーバー　植田重雄訳
- アラン 幸福論　神谷幹夫訳
- アラン 定義集　神谷幹夫訳
- 天才の心理学　E・クレッチュマー　内村祐之訳
- 英語発達小史　H・ブラッドリ　寺澤芳雄訳
- 日本の弓術　オイゲン・ヘリゲル述　柴田治三郎訳
- ことばのロマンス —英語の語源　ウィークリー　寺澤芳雄・出淵博訳
- ヴィーコ 学問の方法　上村忠男・佐々木力訳
- 国家と神話　全二冊　カッシーラー　熊野純彦訳
- 天才・悪　ブレンターノ　篠田英雄訳
- 人間の頭脳活動の本質 他一篇　ディーツゲン　小松摂郎訳
- プラトン入門　R・S・ブラック　内山勝利訳
- 反啓蒙思想 他二篇　バーリン　松本礼二編
- マキアヴェッリの独創性 他三篇　バーリン　川出良枝編
- ロシア・インテリゲンツィヤの誕生 他五篇　バーリン　桑野隆編

論理哲学論考　ウィトゲンシュタイン　野矢茂樹訳
自由と社会的抑圧　シモーヌ・ヴェイユ　冨原眞弓訳
根をもつこと　全二冊　シモーヌ・ヴェイユ　冨原眞弓訳
重力と恩寵　シモーヌ・ヴェイユ　冨原眞弓訳
全体性と無限　全二冊　レヴィナス　熊野純彦訳
啓蒙の弁証法　—哲学的断想　M・ホルクハイマー　T・W・アドルノ　徳永恂訳
ヘーゲルからニーチェへ　—十九世紀思想における革命的断絶　全二冊　レーヴィット　三島憲一訳
統辞構造論　付『言語理論の論理構造』序論　チョムスキー　福井直樹・辻子美保子訳
統辞理論の諸相　方法論序説　チョムスキー　福井直樹・辻子美保子訳
快楽について　ロレンツォ・ヴァッラ　近藤恒一訳
古代懐疑主義入門　—判断保留の十の方式　J・アナス　J・バーンズ　金山弥平訳
ニーチェ　みずからの時代と闘う者　ルドルフ・シュタイナー　高橋巖訳
フランス革命期の公教育論　コンドルセ他　阪上孝編訳
フレーベル自伝　長田新訳
旧約聖書　創世記　関根正雄訳
旧約聖書　出エジプト記　関根正雄訳
旧約聖書　ヨブ記　関根正雄訳

旧約聖書　詩篇　関根正雄訳
新約聖書　福音書　塚本虎二訳
文語訳　新約聖書　詩篇付
文語訳　旧約聖書　全四冊
キリストにならいて　トマス・ア・ケンピス　大沢章・呉茂一訳
聖アウグスティヌス　告白　全二冊　服部英次郎訳
アウグスティヌス　神の国　全五冊　服部英次郎・藤本雄三訳
新訳　キリスト者の自由・聖書への序言　マルティン・ルター　石原謙訳
キリスト教と世界宗教　シュヴァイツェル　鈴木俊郎訳
水と原生林のはざまで　シュヴァイツェル　野村実訳
コーラン　全三冊　井筒俊彦訳
エックハルト説教集　田島照久編訳
ムハンマドのことば　ハディース　小杉泰編訳
新約聖書外典　ナグ・ハマディ文書抄　荒井献・大貫隆・小林稔・筒井賢治編訳
後期資本主義における正統化の問題　ハーバーマス　山田正行・金慧訳
シンボルの哲学　—理性、祭礼、芸術のシンボル試論　S・K・ランガー　塚本明子訳

ジャック・ラカン　精神分析の四基本概念　全二冊　ジャック＝アラン・ミレール編　小出浩之・新宮一成・鈴木國文・小川豊昭訳
精神と自然　—生きた世界の認識論　グレゴリー・ベイトソン　佐藤良明訳
人間の知的能力に関する試論　全二冊　トマス・リード　戸田剛文訳
開かれた社会とその敵　全四冊　カール・ポパー　小河原誠訳

《ドイツ文学》〔赤〕

ニーベルンゲンの歌 全二冊　相良守峯訳
若きウェルテルの悩み　ゲーテ　竹山道雄訳
ヴィルヘルム・マイスターの修業時代 全三冊　ゲーテ　山崎章甫訳
イタリア紀行 全三冊　ゲーテ　相良守峯訳
ファウスト 全二冊　ゲーテ　相良守峯訳
ゲーテとの対話 全三冊　エッカーマン　山下肇訳
スペインの太子 ドン・カルロス　シルレル　佐藤通次訳
ヒュペーリオン ―希臘の世捨人　ヘルデルリーン　渡辺格司訳
青い花　ノヴァーリス　青山隆夫訳
夜の讃歌・サイスの弟子たち 他一篇　ノヴァーリス　今泉文子訳
完訳 グリム童話集 全五冊　金田鬼一訳
黄金の壺　ホフマン　神品芳夫訳
ホフマン短篇集　池内紀編訳
影をなくした男　シャミッソー　池内紀訳
流刑の神々・精霊物語　ハイネ　小沢俊夫訳
ブリギッタ・森の泉 他一篇　シュティフター　宇多五郎・高安国世訳

みずうみ 他四篇　シュトルム　関泰祐訳
村のロメオとユリア　ケラー　草間平作訳
沈鐘　ハウプトマン　阿部六郎訳
地霊・パンドラの箱 ルル二部作　F・ヴェデキント　岩淵達治訳
春のめざめ　F・ヴェデキント　酒寄進一訳
花・死人に口なし 他七篇　シュニッツラー　番匠谷英一・山本有三訳
ゲオルゲ詩集　手塚富雄訳
リルケ詩集　高安国世訳
ドゥイノの悲歌　リルケ　手塚富雄訳
ブッデンブローク家の人びと 全三冊　トーマス・マン　望月市恵訳
トオマス・マン短篇集　実吉捷郎訳
魔の山 全二冊　トーマス・マン　関泰祐・望月市恵訳
トニオ・クレエゲル　トオマス・マン　実吉捷郎訳
ヴェニスに死す　トオマス・マン　実吉捷郎訳
講演集 ドイツとドイツ人 他五篇　トーマス・マン　青木順三訳
講演集 リヒァルト・ヴァーグナーの苦悩と偉大 他一篇　トーマス・マン　青木順三訳
車輪の下　ヘルマン・ヘッセ　実吉捷郎訳

デミアン　ヘルマン・ヘッセ　実吉捷郎訳
シッダルタ　ヘッセ　手塚富雄訳
ルーマニア日記　カロッサ　高橋健二訳
幼年時代　カロッサ　斎藤栄治訳
ジョゼフ・フーシェ ―ある政治的人間の肖像　シュテファン・ツワイク　高橋禎二・秋山英夫訳
変身・断食芸人　カフカ　山下肇・山下萬里訳
審判　カフカ　辻瑆訳
カフカ短篇集　池内紀編訳
カフカ寓話集　池内紀編訳
ドイツ炉辺ばなし集 ―カレンダーゲシヒテン　ヘーベル　木下康光編訳
ウィーン世紀末文学選　池内紀編訳
チャンドス卿の手紙 他十篇　ホフマンスタール　檜山哲彦訳
ホフマンスタール詩集　川村二郎訳
ドイツ名詩選　生野幸吉・檜山哲彦編
聖なる酔っぱらいの伝説 他四篇　ヨーゼフ・ロート　池内紀訳
暴力批判論 他十篇 ―ベンヤミンの仕事1　ベンヤミン　野村修編訳
ボードレール 他五篇 ―ベンヤミンの仕事2　ベンヤミン　野村修編訳

岩波文庫の最新刊

網野善彦著
日本中世の非農業民と天皇（上）

山野河海という境界領域に生きた中世の「職人」たちの姿を通じて、天皇制の本質と根深さ、そして人間の本源的自由を問う、著者の代表的著作。（全二冊）
〔青N四〇二-二〕　定価一六五〇円

エーリヒ・ケストナー作／酒寄進一訳
独裁者の学校

大統領の替え玉を使い捨てにして権力を握る大臣たち。政変が起きるが、その行方は…。痛烈な皮肉で独裁体制の本質を暴いた、作者渾身の戯曲。
〔赤四七一-三〕　定価七一五円

ラインホールド・ニーバー著／千葉 眞訳
道徳的人間と非道徳的社会

個人がより善くなることで、社会の問題は解決できるのか。二〇世紀アメリカを代表する神学者が人間の本性を見つめ、政治と倫理の相克に迫った代表作。
〔青N六〇九-一〕　定価一四三〇円

トマス・アクィナス著／稲垣良典・山本芳久編／稲垣良典訳
精選 神学大全2 法論

トマス・アクィナス(一二二五頃―一二七四)の集大成『神学大全』から精選。2は人間論から「法論」、「恩寵論」を収録する。解説＝山本芳久、索引＝上遠野翔。（全四冊）
〔青六二一-四〕　定価一七一六円

……今月の重版再開……

高浜虚子著
立子へ抄
―虚子より娘へのことば―
〔緑二八-九〕　定価一二二一円

喜安 朗訳
フランス二月革命の日々
―トクヴィル回想録―
〔白九-一〕　定価一五七三円

定価は消費税 10％ 込です　　2024. 2

岩波文庫の最新刊

ロシアの革命思想
—その歴史的展開—

ゲルツェン著／長縄光男訳

ロシア初の政治的亡命者、ゲルツェン(一八一二—一八七〇)。人間の尊厳と言論の自由を守る革命思想を文化史とともにたどり、農奴制と専制の非人間性を告発する書。
〔青N六一〇-一〕　定価一〇七八円

インディアスの破壊をめぐる賠償義務論
—十二の疑問に答える—

ラス・カサス著／染田秀藤訳

新大陸で略奪行為を働いたすべてのスペイン人を糾弾し、先住民に対する賠償義務を数多の神学・法学理論に拠り説き明かし、その履行をつよく訴える。最晩年の論策。
〔青四二七-九〕　定価一一五五円

嘉村礒多集
岩田文昭編

嘉村礒多(一八九七—一九三三)は山口県仁保生れの作家。小説、随想、書簡から選んだ。己の業苦の生を文学に刻んだ、苦しむ者の光源となる同朋の全貌。
〔緑七四-二〕　定価一〇〇一円

日本中世の非農業民と天皇(下)
網野善彦著

海民、鵜飼、桂女、鋳物師ら、山野河海に生きた中世の「職人」と天皇の結びつきから日本社会の特質を問う、著者の代表的著作。

(全二冊、解説=高橋典幸)

〔青N四〇二-三〕　定価一四三〇円

人類歴史哲学考(三)
ヘルダー著／嶋田洋一郎訳

第二部第十巻—第三部第十三巻を収録。人間史の起源を考察し、風土に基づいてアジア、中東、ギリシアの文化や国家などを論じる。
(全五冊)
〔青N六〇八-三〕　定価一二七六円

……今月の重版再開……

今昔物語集 天竺・震旦部
池上洵一編
〔黄一九-一〕　定価一四三〇円

日本中世の村落
清水三男著／大山喬平・馬田綾子校注
〔青四七〇-一〕　定価一三五三円